现代图书馆管理与信息技术应用研究

孙建丽　著

北方联合出版传媒(集团)股份有限公司
万卷出版公司

图书在版编目 (CIP) 数据

现代图书馆管理与信息技术应用研究 / 孙建丽著
. — 沈阳 : 万卷出版公司 , 2021.11
ISBN 978-7-5470-5778-0

Ⅰ . ①现… Ⅱ . ①孙… Ⅲ . ①图书馆管理 – 信息管理
– 研究 Ⅳ . ① G251

中国版本图书馆 CIP 数据核字（2021）第 202255 号

出版发行： 北方联合出版传媒（集团）股份有限公司
万卷出版公司
（地址：沈阳市和平区十一纬路 25 号　邮编：110003）
印 刷 者： 北京亚吉飞数码科技有限公司
经 销 者： 全国新华书店
幅面尺寸： 170mm×240mm
字　　数： 206 千字
印　　张： 12.25
出版时间： 2022 年 3 月第 1 版
印刷时间： 2022 年 3 月第 1 次印刷
责任编辑： 张冬梅
责任校对： 佟可竟
装帧设计： 马静静
ISBN 978-7-5470-5778-0
定　　价： 78.00 元
联系电话： 024-23284090
联系电话： 024-23284448

前　言

PREFACE

在人类社会进入经济时代和信息化社会后,管理比其他任何力量都更强烈地影响着人们的日常生活。人类的社会信息与文化是图书馆的重要构成元素,信息时代的社会大环境为图书馆的生存与管理的发展提供了基础。现代化的图书馆只有提高自身的管理水平,建立健全科学、有效的图书馆管理体制,提高图书的现代化、信息化管理能力,增强管理意识,产生最佳业绩,才能更好地服务社会,并实现自身的发展。切实实行现代化管理制度与方法,对图书馆进行科学有效的管理,才能使图书馆的先进技术和设备得到充分有效的使用。

21世纪的图书馆,处在一个信息技术飞速发展的时代。信息技术不仅带给人们技术、经济等方面的巨大进步,而且对各学科领域的研究也产生了巨大的推动作用。图书馆学研究也是其中之一。进入数字时代的图书馆,环境、技术、管理、用户需求、馆员素质等方面的不断变化,带给图书馆以全新的管理思想进行变革。作为人类社会知识、信息保存与传递、传播的重要机构之一的图书馆,已经存在并发展了数千年。在飞速发展的网络技术的推动下,人类社会信息交流渠道不断增多,传统图书馆文献资源建设研究的相关方法和成果在很多方面已经无法适应这个时代对信息提出的要求,人们普遍认识到传统图书馆所面临的困境和挑战,开始探索新的图书馆资源管理模式。

全书共分为七章。第一章是对现代图书馆管理加以概述,主要包括图书馆以及图书馆管理的内涵,图书馆管理的原则与方法,现代图书馆管理的策略与模式、原理与意义等。第二章是现代图书馆知识管理研究,本章对图书馆知识管理的内涵、核心、方法以及管理系统进行了研究与分析。第三章是现代图书馆文化管理研究,图书馆文化管理的内涵、核心要素以及图书馆制度文化与精神文化管理研究是本章的重点。第四章是现代图书馆人力资源管理研究,本章对图书馆人力资源管理的内涵、甄选与聘用、考核与激励、培训与开发等方面进行了阐述。第五章是现代图书馆服务管理研究,主要包括图书馆服务的内涵、现代图书馆服务的理念与原则以及图书馆服务管理的体系研究等内容。第六章是图书馆信息化管理研究,本章主要对信息资源及其组织管理、信息资源建设以及信息技术的发展及趋势进行了分析。第七章是对数字图书馆管理的研究,主要包括数字图书馆信息资料的来源与管理、信息服务模式研究等内容。

本书在撰写过程中,参考了大量有价值的文献与资料,汲取了许多人的宝贵经验,在此向这些文献的作者表示感谢。由于图书馆正处在变革和转型时期,图书馆管理和服务也在不断地发展、深化、改革中,加之作者水平有限,书中难免有错误和疏漏之处,敬请广大读者和专家批评指正。

作　者

2021 年 7 月

目　录

CONTENTS

第一章

现代图书馆管理概述

在过去的几年里,随着互联网在世界范围内的日益普及,人类社会的信息交流渠道增加了,图书馆作为社会信息交流中心的地位有所下降。毫无疑问,人类社会文明的进步是建立在人类现有科技、文化、经济等成就的基础上的。没有传承,就没有发展。图书馆是人类文明传承不可或缺的中介机构。当社会进步到知识经济的时代,知识和信息已经变成能够急速推动社会发展和进步的最不可或缺的资源之一,这种情况下,我们对知识和信息资源的管理也该早日提上日程。当今社会,图书馆堪称社会信息资源管理机制的核心,图书馆将继续运作,把自身的价值和作用发挥至极致。

第一节　图书馆概述

一、图书馆的概念

图书馆是我们生活中常见的基本设施。特别是在大城市和大学里，会有一些对外开放的图书馆与我们的生活息息相关。图书馆是整理和收集书籍和资料以供阅读和参考的组织。事实上，图书馆的历史可以追溯到公元前 3000 年，用以保存人类文化遗产、开发资源、参加社会研究和其他活动。

国家图书馆 [①]

根据考古学家的发掘，我们知道世界上最古老的图书馆位于美索不达米亚——尼尼微图书馆。这是保存最完整的图书馆，也是迄今为止出土的古代文明中规模最大、最完整的图书馆。它比埃及著名的亚历山大图书馆（古代最大的图书馆）早 400 年，它没有像亚历山大图书馆那样被战争摧毁。图书馆这一说法 19 世纪后期从日本来到我国，长期以来

---

① 本书图片未做特别说明的均来自摄图网。

在社会发展中发挥着重要作用,但时代在前进,社会在发展,科学技术突飞猛进,减少了传统图书馆的功能。高科技的介入导致了新的图书馆概念,电子图书馆和数字图书馆是其中的突出代表。电子图书馆不再是纸质书籍的集合,相反,它是一个为公共服务、以电子形式存储和检索文献信息的图书馆。

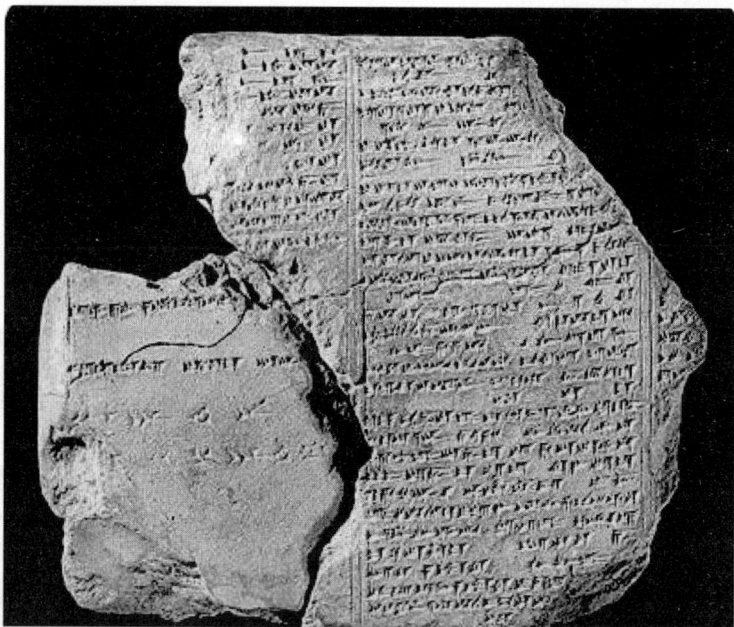

尼尼微图书馆的泥版图书(图片来源:百家号 / 晓枫说历史)

数字图书馆是最新的科学技术。简而言之,与任何新的社交活动一样,数字图书馆是具有各种媒体内容的数字资源。这让用户拥有方便、快捷、优质的信息服务机制。

数字图书馆不是实体图书馆。这种类型的图书馆对应于真实的社交活动。公共信息的管理和传播,往往表现为以图书馆资源组织模式为基础,利用计算机网络通信等高科技技术,对新的信息资源和传播服务进行多样化的组织,以获取人类知识为目标,使用创造性的知识分类和准确的数据检索方法来有效地组织数据,使人们可以不受限制地访问信息。

但是,图书馆的创新和发展应该主要是为读者提供服务。传统图书馆和现代图书馆的本质是一样的,两者之间的差距仅体现在时间和技术差异的程度上。

二、图书馆的作用

（一）图书馆的宏观作用

1. 保存人类文化遗产

图书馆的主要责任是保护文明。在人类发展过程中,保护人类的文化遗产,是创建图书馆的主要原因。通过图书馆的设施,可以系统地培养和传承人类社会实践中的经验、文化和知识。

2. 开展社会教育

随着大型资本主义工业的出现和发展,社会需要更多具有工作知识和技能的人,图书馆因此真正走进百姓,担负起劳动知识和文化教育的责任。在现代社会,图书馆已成为继续教育和终身学习的基础,并且在教育领域做得更多。

3. 传递科学信息

现代图书馆拥有很多的价值功能,包括传递科学、传播信息等。图书信息目录的齐备、完整与系统已成为图书馆参与学术投稿的必备条件。在如今这个信息社会,图书馆本身所具有的科学数据功能变得比以往越来越强大、有效。

4. 开发智力资源

图书馆内的图书资料、文化信息经过长期的收藏与积累已经演变成一种智力资源。图书馆的这些图书资料、文化信息被人们反复运用、加工和再加工,而这个过程便是对这种智力资源进行开发、延展的过程。图书馆为图书馆用户提供这些图书资料、文化信息,就是为了让后者的智力资源得到最大程度的开发。

5. 提供文化娱乐

图书馆是社会的文化基础设施。它是一个文化和教育机构。随着社会的进步,人们的生活水平越来越高,文化需求也越来越高。为了满足他们的需求,图书馆提供了文化和娱乐功能。

宽敞明亮的图书馆阅览室

（二）图书馆的微观作用

1. 文献收集

图书馆工作中最基本的任务和功能之一是收集文献。图书馆员必须掌握收藏原则、馆藏范围、馆藏重点和图书馆选择标准，了解图书馆馆藏情况、文档类型和份数、各种馆藏的使用级别和使用寿命以及书籍和期刊的填补等。

2. 文献整理

文献整理是图书馆管理图书、提供更好服务的基础，包括文件分类标题、描述和列表的索引。文件分类不仅是收集目录和文件的基础，也使图书馆统计更容易。文档分类和标题索引是揭示文档内容的重要方式，而文档描述是以全面和详细的方式披露文档内容的格式和性质的主要手段，方便读者通过文献的不同特点来识别某些文献，并获得所需文献的一种途径。图书馆员整齐地组织图书馆目录中的项目以展示图书馆馆藏。图书馆目录是文档定位工具，是打开知识库的钥匙。

3. 文献典藏

文档收集在图书馆的微观功能中扮演着重要的角色，包括图书馆的划分、书籍设计、馆藏收藏和文件保护。文件保护是一项专门技术，包括装订、修复、防火、防潮、避光、防霉和防虫以及防止机械损坏。

4.图书馆服务

图书馆服务是开发和利用图书馆资源的工作,包括读者开发(如发放借书证)、读者研究、文献流通与推广服务、馆藏报告、阅读咨询、参考咨询与文献检索、读者教育等。

三、图书馆的社会价值

图书馆是社会分工的重要组成部分,图书馆工作的社会价值在于对图书馆馆藏价值的认可。

(一)进行学习的重要场所

图书馆有很多文献和资料,涵盖古、今、中、外等学科,并有多种格式支持。图书馆是无穷无尽的知识宝库,随时随地为学习者提供良好的学习环境,这是图书馆所具有的基本公共服务。

图书馆承认和保护人们在履行基本阅读权时,以读者的需求为一切工作的出发点。在日益开放的时代,图书馆在弘扬文化方面的作用更为重要。通过利用文件数据的收集、隔离、开发和使用来传播政治、法律法规和科学事实,来探索、解释、改变、继承和传递积极的文化成果,并引导先进的文化方向,促进文化的传播。[①]

图书馆里学习的人

---

① 杨杰清.现代图书馆管理实务[M].北京:现代出版社,2019.

（二）精神文明建设的重要阵地

在信息领域，图书馆一直扮演着重要的角色，担任重要的信息收集和信息文件交换中心。强大的图书馆的存在，使人类精神文明的发展有了可靠的保证，营造了良好的社会文化氛围。

（三）查询、管理信息的重要部门

图书馆在收集、处理和管理整个社会的文献和资源方面发挥着重要作用。这是一个非常重要的社会部门。信息技术和网络的飞速发展扩大了图书馆馆藏的范围，图书馆馆藏形式不断增加，个人印刷文献的馆藏逐渐增多，它已成为收集电子出版物、多媒体等多种形式信息的完整信息系统。光盘数据库和网络信息图书馆负责创建信息资源，一方面，增加图书馆特有资源，实现馆藏数字化；另一方面，图书馆必须实施高效规范的网络数据管理，过滤恶意、虚假、垃圾信息，对信息进行分类汇总，并在网络上将结果返回给读者。

（四）为社会服务的公益机构

社会福利是图书馆的基本服务，从图书馆出现以来一直担任这个角色，这尤其体现在图书馆为读者提供的免费服务上，而且各级各类的图书馆制度都是确保社会所有成员平等享受图书馆服务。当知识出现时，每个人都可以共享，无需额外费用。尽管图书馆不是知识生产者，但是收集知识的方式没有改变，图书馆通过收集、处理和保存知识，几乎可以在不增加任何成本的情况下教育任何人，不论是富人还是穷人、大学教授还是普通工人，各行各业的人们都可以平等地使用图书馆资源。

（五）体现人文关怀的场所

图书馆尽可能为社会所有成员提供服务。尽量消除弱势群体使用图书馆的麻烦，为社会各界人士提供人性化、便捷的服务。在社会发展过程中，越来越多的人涌入城市，这使得社会元素个体差异巨大，对知识的渴求也更高，正确使用图书馆不仅会提高人们的素质，对于社会的稳定与和谐也很重要。

天津滨海新区图书馆内景

第二节　图书馆管理的内涵

一、图书馆管理的含义

我们对图书馆管理重要性的理解是渐进的。通过翻译和引进国外管理理论和方法,制定和改进图书馆管理指南,这个过程引入了许多图书馆学术管理的定义。以下是图书馆界的一些流行语录。

"自动化图书馆管理是图书馆科学管理。"毋庸置疑的是,科学、系统的图书馆管理意味着图书馆现代化的进程走到了成熟的阶段。图书馆管理不是一个苍白、片面的概念,它是一个整体,包括对图书馆员工的管理。"自动化管理"是图书馆管理手段之一,区别在于它所使用的是现代技术。

"图书馆内各个工作环节之间的高度协调一致就是图书馆科学管理。"图书馆管理行之有效的前提是,图书馆内不同部门之间的协作科学合理且亲密无间。然而,值得注意的是,这种部门间的高度协调也并不意味着图书馆最终实现了预期的管理目标。因为管理不能把决策过程排除在外,如果决策一开始就是错误的,那这种协调只可能让管理的结果与预期背道而驰。

"低耗、高效、优质的管理就是图书馆科学管理。"现代企业管理中，相关部门为了衡量员工绩效，会用上"低消耗、高效率、高质量"这三个指标。但对于图书馆管理来说，只用这三个指标去衡量管理结果及员工绩效是不够的。由于图书馆活动属于精神生产范畴，精神生产的社会效益往往是隐蔽的。

"符合图书馆工作规律的管理就是图书馆科学管理。"这句话套用了哲学来概括图书馆管理的定义，所确定的含义是图书馆依法开展工作在一定程度上可以提高图书馆的管理水平。

"图书馆组织管理的系统化就是图书馆科学管理。"这是将系统理论应用于图书馆管理的尝试。系统论是研究系统存在和发展机制的理论，在图书馆管理中实施该理论制度可以强化图书馆管理的理论和方法，但是这个定义太过于宽泛了。

以上许多陈述来自不同的角度，目的是质疑和理解图书馆管理问题。每种观点都在某种程度上是合适的，但它们都有一些局限性。我们应该对这些陈述进行全面分析，使图书馆管理更加全面和精确。

二、图书馆管理的特征

如何管理图书馆是组织管理过程的一种方式。系统化管理是现代图书馆管理的本质特征，这一重要特征使现代图书馆管理表现出以下三个鲜明的特点。

（一）整体性

图书馆具有一定的整体性特征。图书馆应满足以下条件：

第一，需要现代化的管理理念。有效实施现代图书馆管理，不能满足于有限的管理经验。图书馆工作人员应该继续学习，勇于创新，为图书馆工作和图书馆新建设的可能性敞开大门。

第二，要有科学的方法。需要根据工作目标和工作关系的解决方案进行配额管理。配额管理的实施至关重要，对于图书馆工作人员来说，实施配额管理可以提高工作效率，高效完成工作。此外，还应辅以行政管理、经济管理等多种管理方式，推动图书馆管理持续发展。

第三，必须制定适用且严格的规则。

第四，要有统一的业务标准。

第五,要有合理的智力结构。图书馆员的学科结构应适当,不仅要有专业领域的人才,也需要其他领域的人才。此外,人才需要在各个层面都要成正比。

以上五个方面构成了图书馆活动完整性的基础。在管理过程中要注意处理好整体与部分的关系。

（二）关联性

图书馆系统中的所有环节和层次都是相互联系和相互依存的,我们必须注意事物的因果关系。组织文件和目录以及借阅和临时工作需要综合分析各个工作组的具体情况,加强图书馆各部门业务管理任务之间的联系与配合,建立连带责任追究制度。

（三）均衡性

图书馆系统是一个移动系统,图书馆与其外部环境之间的平衡要求所有图书馆活动都要有均衡性。图书馆的发展已经适应了许多社会阶层的需要,图书馆内的平衡要求每个子系统的目标与图书馆系统的总体目标相匹配,以平衡图书馆和外部环境。例如,编目和文献收集系统平衡、组织体系之间的平衡、参考文件和流转文件之间的平衡、工程机械与日益复杂的文件类型之间的平衡、人员与各种业务任务需求之间的平衡。总而言之,我们必须努力实现所有互联互通、相互协调、协调平衡的发展。

总之,完整性、相关性和综合平衡是现代图书馆管理的特点。图书馆管理应该从大局入手,从发展变化的角度分析管理过程中的问题,而不是用孤立静止的观点。为了解决管理过程中的问题,必须考虑各个环节。在图书馆系统内部、各级之间要相互沟通,不能打破相关联的环节来解决管理问题。

第三节　图书馆管理的原则与方法

一、图书馆管理的原则

（一）系统原则

每个图书馆都是一个由多个子系统组成的元系统,同时处于更大的图书馆运营系统中。图书馆运营子系统具有与外界交换材料、能量和信息的层次结构和一般属性。这就是为什么系统论成为图书馆管理最重要的指导思想的原因。

1. 目的性

一个系统的存在具有一定的功能和目的。作为机构或社会服务,图书馆收集、编辑、维护和传输文件,组织和系统地交换文件中的知识或信息,让用户从文档、书目、知识三个层次上获取资源。它的基本功能是收集、组织和部署应用程序;目的是满足读者的知识和信息需求。不同类型的图书馆有特定的目标,这些目标因策略、任务和用户目标而异。

图书馆儿童馆

2. 整体性

图书馆的系统原则的整体性体现在两个方面：一是管理本身需要站在整体的视角来统筹全局，要有整体与长远的规划；二是把管理对象的各种因素作为一个整体来看，对各个因素的管理需要符合整体性的发展。

3. 层次性

图书馆管理系统是一个层次分明的整体，有领导层、执行层、监督层等，各层应该明确各自相对应的权利与职责，每个人各尽其责，各行其是，才能达到有效的管理。

4. 联系性

图书馆由于分工不同而形成了不同的工作部门，但是每个部门并不是绝对独立的，而是存在着重合与交叉，只有处理好各部门的关系，才能形成合力，共同发展。

5. 均衡性

作为一个有机的整体，图书馆各个系统之间关系密切，相互制约、相互促进，只有不偏不倚，保持平衡，才能使图书馆系统均衡发展，实现目标。

（二）集中原则

集中原则是管理我国图书馆运营的关键原则。集中管理有以下四种含义：

（1）指由图书馆公司集中管理，协调全国各系统和图书馆的工作，在国家层面有针对性、有组织地规划国家图书馆公司的发展。

（2）指图书馆和技术作品的标准。包括相同的分类、定期交易、统一存储格式和数据交换标准等。

（3）图书馆法。遵循一定的法律法规。

（4）图书馆必须有一个清晰的开馆思路，这是实行集中管理原则的思想基础，它还需要一套相对完整的图书馆指南和规定才能实现。

（三）民主管理

图书馆管理工作的民主性体现在：并不是只有图书馆领导和馆员

才能进行管理,用户的需要也应该被满足,用户代表也可以参与图书馆的管理工作。

图书馆民主管理有四项任务:

(1)提出适当的意见和建议,以改进图书馆工作。

(2)监督和推动图书馆计划的实施。

(3)对专家管理和部署提出建议。

(4)监督从业者的工作。

(四)动力原则

图书馆每一个活动、每一次发展都必须有宣传的动机。图书馆发展的动力来自用户服务需求和内部员工的活力。

现代图书馆管理的根本动力是:

(1)物质能源。这是满足图书馆员生理需求的最根本动力。包括工资水平、奖金、福利、生活条件等。

(2)精神动力。包括职业意识形态、精神鼓励、发展机遇等。

(3)信息的力量。信息并不是管理者决策的唯一依据,但这也是事物发展的驱动力。

(五)效益原则

管理的根本目的是为了获得更大的效益。目前,我国图书馆的效益体现在两方面,即社会效益和经济效益。图书馆作为社会文化和信息的重要组成部分,是通过向社会提供政治、经济、文化、思想等各学科的文化与信息来实现其社会效益;图书馆经济效益的实现需要通过使用现代设施和设备的功能,以有限的资金购买读者想要的文件,并尽可能节约使用人力资源处理存储文件,确保图书馆活动的最大效率。图书馆要加强管理,优化人员和资金的配置,以提高经济效益。

二、图书馆管理的方法

图书馆管理活动的各个层次、过程和环节都有相应的方法。每个方法都有自己的状态、自己的责任和管理活动中的具体信息,同时每种方法都有其局限性。广泛强化和相互强化是领导工作的关键。

管理现代图书馆的方法有很多种,大多数包括规划管理、规章制度、问责制度等。

（一）计划管理

图书馆的计划管理不是一个单独的项目,而是一个包含多个环节的过程,从制订计划开始,在执行阶段可能涉及对计划的调整与审查,再到完成阶段对结果的验收与考评,根据计划目标的实现情况进行反馈,形成一个闭环的流程。图书馆计划必须根据科学原则制订。

制订计划基本上有四个步骤:①检视现状,提出想法。②收集数据并进行回顾性分析。③预测未来并设定目标。④根据最有效的方式进行计划和决策。

规定的计划指标只有通过计划的实施才能转化为绩效,才能达到既定的目标。计划的实施必须达到以下目标:分解计划指标,合理分工,明确职责,反馈控制,协调一致,及时总结。

（二）制度管理

图书馆规章制度是指图书馆工作人员或用户必须遵守的运作规则、规章制度和程序。

不同类型的图书馆,尤其是工作内容复杂的大型图书馆,需要严格的科学规章制度。定义规则时必须考虑以下四个方面的关系:

（1）图书馆与用户之间的关系:应以用户方便为出发点,还要以科学管理为基础。

（2）用户与用户关系:在定义规章制度时应注意满足一般用户对文献和信息的需求,考虑到关键用户的需求。

（3）利用馆藏文献与保管文献的关系:图书馆在制定规章制度时,既要考虑图书馆财产的安全与完整,又要考虑用户利用馆藏文献的便利性因素。

（4）不同部门之间的关系:图书馆应该定义一套规则。包括行政和商业行政规章制度,大多是组织管理制度。

大多数业务系统由以下系统组成:文学材料分类规则、文献收录规则、目录组织规则、文献借阅规则、图书管理系统、自动劳务管理系统等。

瑞典斯德哥尔摩城市图书馆全景

（三）计划管理岗位责任制

岗位责任制是一种规章制度,它明确规定了每个员工的职位和应履行的基本要求和职责,并据此进行薪酬和制裁评估。主要内容包括以下几点:

（1）科学交流,明确工作范围。

（2）明确每个岗位的职责和具体任务。

（3）明确每项任务的数量、质量和时限标准。

（4）各岗位员工的问题管理任务、权力。

（5）控制不同岗位员工的道德操守。

（6）使用严格的奖惩。

（四）目标管理

目标管理是下级和上级共同设定具体运营的目标系统,定期检查完成目标的进度。它是一种以结果导向概念为指导的管理方法,在一段时间内共同设定共同目标。

目标管理的重要性应该包括六个基本要素:

（1）以结果导向的理念为指导。

（2）上司和下属共同确定一段时间内的组织目标。

（3）共享目标的实施要跨越部门局限。

（4）明确个人责任范围和个人必须达到的目标。

（5）每个人都有意识地工作,独立控制和管理自己的目标。

（6）根据设定的目标对取得的成果进行审查和评价。

图书馆的目标管理就是利用目标管理的方法进行各种图书馆管理活动。包含以下几个方面：

（1）设定总体目标。

（2）制定不同层次的目标。

（3）确定行动措施。

（4）提供人力物力。

（5）实施和控制。

（6）影响评估。

目标管理符合图书馆工作的性质。它更好地反映了图书馆目标的完整性。可以让人们的意识和创造力发挥到极致，并能更好地促进专业图书馆事业的发展。因此，目标导向管理成为我国图书馆管理的重要手段。

第四节 现代图书馆管理的策略与模式研究

一、现代图书馆管理的策略

（一）工作组织管理

1.业务机构的设置

由于图书馆业务工作是一种工序很多、前后衔接、连续性强的工作，为了各项业务的开展，图书馆需要设置相应的业务机构。各个图书馆的业务机构的设置没有统一的标准和规定，图书馆应该根据自身的实际情况进行业务机构设置。图书馆设立业务机构需要考虑的因素包括馆藏管理、设备采购、人员配置、任务分工等，要把这些因素和工序统一考虑、统筹安排，合理地组织起来。

多种因素对图书馆业务机构的设置产生影响，所以各个图书馆的机构设置并不是完全一致的。规模较大的图书馆可以分别设立采访部和编目部，规模较小的图书馆经常把采访与编目合并，设立采编部；把阅览与典藏合并，设立典阅部；把参考咨询合并到阅览部，不另立参考咨询部。我国的省、市公共图书馆普遍设立业务研究辅导部，有些大型的科学图书馆也设立了业务研究辅导部；有些大型图书馆按出版物类型把图书与期刊分开，单独设立期刊部；有些科学和高等院校图书馆按学科设置业务部门；也有许多图书馆采取先按工序、再按语种组织业务工作，采访部下面分设中文采访组和外文采访组；编目部下面分设中文编目组和外文编目组；典藏部下面分设中文书库和外文书库。有的图书馆为便于对不同类型文献的搜集、整理和利用，专设了古籍或地方文献部门，形成了一个从采访、典藏到流通的独立系统。为了加强信息服务工作，有些图书馆设立了信息服务部。

以上这些业务部门，依据图书馆规模的大小，可以称部，也可以称组，但部和组的工作性质和范围是相同的。

图书馆的全部业务工作是由上述各个业务部门分别完成的。各个业务部门既有明确分工和职责范围，又是相互联系的。为社会公众提供文化、信息服务是现代图书馆最重要的业务之一，为了做好服务工作，首先要做好图书馆管理工作，具体包括各种图书文献的收集、分类管理、保管等。因此，图书馆业务机构都应以用户工作为中心来组建，抓住了这一点，业务机构的设置就有了明确的方向。

在虚拟环境中，图书馆的工作和流程之间的关系将发生变化。相应的传统图书馆职能部门如采购、典藏、服务等部门的职能将扩展，可按任务组成信息理集部、信息转换部、数据描述部、数字化服务部、技术支持部等部门。为适应市场经济对图书馆的要求，一些图书馆设立了文件开发部门，负责开发图书文件资源。传统出版物的馆藏、服务部门等将继续存在。

2. 规章制度的设立

不同类型的图书馆，尤其是具有复杂工作内容的大型图书馆，必须建立严格、科学的规章制度。图书馆的效率、工作流程与规则的建立或执行直接相关。

严格、科学的规章制度不仅要准确反映图书馆运作和技术操作的性质和规律，它已成为商业和技术工作的标准。还要纠正各个部门的业务，并在图书馆中正确处理工作人员之间的关系以及图书馆与用户之间的关系。

严格、科学的规章制度要体现人们在实践中的成功经验，它可以称为法律、法规和经验标准。应该公开图书馆管理制度，以便图书馆管理人员和用户能够按照规则和规定行事,并确保工作流程正常有序。《图书馆条例》是对图书馆工作实践经验的总结和概括。

图书馆要认真、自觉地树立规则,树立"万事万物之始"的意识,努力使新的规章制度符合实际,使之科学化、严谨化。制定规章制度时必须考虑以下四种关系。

处理好图书馆与用户之间的关系。图书馆各项规章制度的制定需要考虑两方面因素:一是馆藏文献的科学化管理,二是满足用户的需求,提供便利的服务。这两方面需要综合考虑,缺一不可。所谓对用户的便利,是指对全体用户的便利,不能是便利一部分用户而妨碍了另一部分用户的利益,而且,这种便利是长远的便利。因此,需要以科学有效的管理来保证。

处理好用户与用户之间的关系。图书馆规章制度的制定要体现个性化,针对不同需求的用户提供不同的服务。从整体上看,图书馆要保护多数用户的利益。例如,图书馆为了严防丢失损坏文献资料而订立的某些制度,目的就是要保护全体用户的共同利益。

处理好馆藏文献的利用与保管之间的关系。在制定图书馆的各种规章制度时,既要考虑社会效益,也要考虑经济效益;既要满足用户的需求,也要保护图书馆馆藏与财产的安全与完整。利用文献是图书馆工作的目的,保管文献是为了更好地利用馆藏。图书馆工作人员应从健全规章制度和掌握规章制度方面来调整利用馆藏文献与保管文献的关系。在一般情况下,图书馆的馆藏以满足借阅为主,但在某些情况下,某一种文献或某一类文献,在一定时间内,也可以仅供用户在馆阅览,不能做馆外流通;某些文献只借给科学研究用户,不借给一般用户。这样做是为了保证重点用户的迫切需要,也是从便利用户借阅出发的。

处理图书馆各部门之间的关系。图书馆各部门之间并不是完全独立的,不能相互割裂开来,需要相互协调与配合,否则会导致工作被动,甚至混乱。平衡图书馆的所有工作包括平衡文件的收集和整理以及分发和推动基本任务,例如编译、分类和归档,才可以为流通推广工作创造更有利的条件。

建立和完善严格、科学的规章制度并不是图书馆管理的唯一重要环节。图书馆所有工作人员都有权监督并确保遵守规章制度,建立规章制度实施与干部考核、补偿、惩戒工作相结合的监控体系,确保各项规章制度落实到位。

（二）工作制度管理

图书馆应该有一个涵盖行政和业务任务的系统。大多数行政系统是组织和管理系统。作为图书馆工作的一个总体项目，对图书馆的性质、政策、职责、管理部门、业务运作、会议和学习等都应有明确的要求。其中，最基本的业务工作制度如下：

一是收文工作制度。包括收文的标准和方法，收文的工作规则。收集文件的标准和方法必须明确规定审批流程和订单，收集文件的工作顺序代表了采访者的具体工作顺序。内容包括操作技术质量要求和收集过程的相关注意事项，如文件的研究、补充、交换、登记和盖章，并且用户需要对文件进行详细的递送和统计评估。

二是编目工作制度。包括文件分类规则、文件描述规则、清单组织规则等。编目工作细则是对编目工作的总规定，它指出编目工作的整个流程、方法依据、操作技术和质量要求等。由于编目的对象既有图书、期刊、报纸，又有音像资料、计算机文档等，它们的工作流程、方法依据以及操作技术等多少有些不同，大多数文件的分类规则内容涉及不同的选择。增加和减少分类方法是因为文档的分类规则包括目录组织和分类归类等问题，图书馆的专业特点、馆藏的构成和用户的需求在定义时应考虑在内。

细致的图书编码分类

三是借阅工作制度。包括用户借阅规则、阅览工作细则。用户借阅规则主要是面向用户的。用户借阅规则又可分为用户登记、借书证和阅览证的发放原则和办法、借阅办法、阅览室规则、文献复制规则、赔偿规定等。阅览工作细则除对用户提出一些守则性的要求外，还要明确馆员如何接待用户和如何保管文献，规定服务范围、对象、标准等。

四是书库管理规则。包括保存本书库、基藏书库、辅助书库及特藏书库的划分和管理。书库管理规则要对文献排架、出入库登记、馆藏文献动态统计、书刊出纳人员的职责、文献装订修补、剔旧、安全防范、清点等工作做出明确具体的规定。

五是自动化工作管理规则。包括机房管理、数据保存、访问权限、数据安全、设备更新等方面的规定。

除上述几种规章制度外，为了加强图书馆的管理，还必须制定其他一些必要的规章制度，如经费使用和管理条例、设备管理和维修条例、岗位责任制和奖惩条例等。

所有这些规章制度都不是孤立地制定的。在这套规章制度中，既要对馆员和用户提出明确要求，也要对馆藏文献资料做出一些保护性的规定；既要注意处理与馆外有关方面的关系，也要注意处理馆内各部门之间的关系；还要注意规章制度的整体与部分之间、一项制度与另一项制度之间、同一制度的一条规则与另一条规则之间的前后呼应、互相衔接。

二、现代图书馆管理的模式

（一）资源管理模式

现代图书馆的资源丰富而繁杂，相应的管理工作也更加庞大、复杂，各图书馆可以根据地理位置、规模、自身发展目标等实际情况来选择适合的资源管理模式。

1. 小而全模式

这种模式适用于小型图书馆，可以促进图书馆的稳步扩张，使其业务和管理处于动态平衡的健康运营状态，并能够持续提高整体的服务和管理水平。对于小型图书馆，需要建立支持设施的新颖性和覆盖范围，并努力与国内同行业保持同步，确保图书馆网络自动化和数字化工作的开展顺利进行。大大小小的模型库应该加大对数据检索方法、服务方法、网络设施等硬件的投入，为图书馆的"软"任务创造一个"硬"环境。

2. 专而深模式

随时科技的进步,各种文化与信息以光速传播,在现代意义上,图书馆不再是收藏中心。面对浩瀚的信息海洋,图书馆除了收藏文献,更重要的作用是对信息进行分类加工,以更便于用户查找与阅读。因此图书馆需要专业知识的完整性,馆藏的重点应该放在图书馆读者最常使用的文献和资料上。

3. 网络化模式

在信息飞速发展的今天,无论图书馆有多大,都需要积极寻求合作与资源共享,利用各种渠道与资源来丰富与扩充馆藏,否则,图书馆的道路就会越走越窄。读者、信息和电子网络促进和加强了图书馆之间的交流和协作,从文件访谈到更新的文件审查、从集中交易到联合交易、从目录检索到完整数据检索、从馆际互借到资源共享,图书馆的基本业务都可以通过网络进行。

4. 信息导航模式

知识的海洋是巨大的,蕴藏着无穷无尽的信息宝库。从知识中找到正确的信息就像大海捞针,更不用说现代生活的高效率和高速度,使得人们难以花更多的时间寻找文献信息。

国家图书馆无线局域网

现代图书馆作为文献信息的集散地,能满足用户的各种信息需求,而图书管理员的主要任务就是对海量的文献信息进行合理的索引与分类,引导用户方便快速地找到他们需要的信息。避免重复任务而使查找流程顺畅。这可以从两个方面来看待:一方面是综合性的参考和咨询活动,如评论、抽象数据、剪报、定期服务、专业服务、专门文献库的编制等;另一方面是质量的提升和良好的互联网服务。

(二)组织机构模式

1. 柔性化管理模式

组织机构是图书馆管理等活动的有组织的支持系统。传统的组织理论强调结构的稳定性,内部层级严格,层级界限清晰。柔性管理不再将组织结构视为僵化模式,而是一个灵活、适应性强、学习能力强的组织。显然灵活的组织鼓励部门之间和个人之间的沟通和协作,为图书馆发展营造和谐的内外环境,营造全新的文化氛围,让所有的知识信息都得到充分展示。

2. 扁平化管理模式

扁平化是"金字塔式"层级领导模式的创新。组织风格从传统的塔式结构转变为扁平结构。扁平化的组织结构消除了中层管理人员的联系,不仅节省了大量劳动力,而且信息丰富,改进沟通和决策方法,促进经理与下属之间的公正沟通和谈判。扁平化管理鼓励团队合作,尽管图书馆员经常更换工作,他们的职位也在不断变化,但他们的职责仍然很明确。

随着数据传输性质从分层型向横向型转变,与图书馆管理密切相关的组织结构也从尖锐的"金字塔"型转变为扁平的方形网络。一些中间层组织也逐渐变得薄弱或濒临死亡。

3. 虚拟化管理模式

虚拟化是指通过借用网络和共享外部数据通道来改进存储和信息的方法。与组织管理有关,是指与外部力量合作,整合外部资源的战略。沿海城市图书馆与内地图书馆在现代化水平上存在较大差异,大学图书馆和公共图书馆、国家图书馆以及市、区图书馆发展水平也极不平衡,出现"两极分化"现象,因此必须寻找支持图书馆业务发展的管理策略。

（三）运行机制

1. 保障机制

作为公共文化服务的基础机构，图书馆应首先关注国家投资，并吸收社会的方方面面确保图书馆运营有稳定、渐进的资金来源，建立图书馆运营的资源保障机制。

2. 协调机制

图书馆各级行政部门负责协调图书馆内外关系，为图书馆的发展创造有利环境。其主要目标是协调图书馆与政府之间的关系，并在符合图书馆职能的前提下，寻求各级政府和机构的关注与支持；协调系统和图书馆之间的关系，创建一个综合的图书馆服务网络；协调图书馆、读者和社会各部门之间的关系，提高图书馆的社会认知度。

3. 规范机制

首先，图书馆的管理必须就图书馆环境的最低要求建立明确的指导方针。其次，各级主管部门要对整合措施作出反应，提供监测和监督服务，制定完整的技术标准并检查其执行情况。

（四）体制模式

目前，图书馆的体制模式具体有以下三种：

1. 理事会模式

图书馆委员会由具有最高决策权的图书馆代表组成。就像现代董事会一样，图书馆馆长一般履行日常行政职能，其角色类似于公司总经理。相关学者也作为专家委员会参与。该模式可供许多有影响力的公共图书馆参考。

2. 溢出模式

"溢出"意味着研究机构的研究人员从他们创造的结果开始他们的职业生涯，以便将研究结果反馈给社会并改善社会福祉。信息技术的进步导致一些图书馆对体制模式进一步研究，一些图书馆正在考虑采用"溢出"模式。

"溢出"模式类似于图书馆目前正在使用的"一个图书馆，两个系统"。这种模式是管理创新和业务创新相结合的清晰、直接、科学的制度创新。[①]

3.严格隶属模式

这种模式意味着一些规模相对较小或与母机构密切相关的图书馆（如资料室）仍然与传统机构有联系，应该在建立制度规范时对其进行密切监测。

第五节　现代图书馆管理的原理与意义研究

一、现代图书馆管理的原理

（一）系统原理

管理作为一个有机的系统，必须考虑整个系统与要素、要素与要素、系统与环境的关系，以揭示不断变化的管理规律。管理系统是一个涵盖行政和业务任务的系统，作为管理工作的一个总体项目，对业务的性质、政策、职责、管理部门、业务运作、会议和学习等都应有明确的要求，在图书馆管理原理的有机体系中起着统率作用。

（二）人本原理

在整个管理发展过程中，"人"这个词一直是主要的。不同的管理理论取决于人们的观点，不同管理理论之间的差异主要是由于人们的看法不同。例如，X 理论基于 Y 理论，Y 理论基于"好"人性，Z 理论试图克服人性是否"好"的问题。"好"或"坏"是另一个例子。传统的管理理论倾向于将人视为工具，他们认为人和机器并不是实现目标的唯一工具。现代管理拒绝这种观点，把人视为一切管理活动的首要目标。

---

① 谭晓君.图书馆管理与服务创新研究[M].天津：天津科学技术出版社，2018.

（三）能级原理

在图书馆管理中,人是所有管理活动的决定性因素,但仅仅知道这是不够的。由于图书馆成员具有不同的知识、年龄、职位、教育背景和社会经验,因此,不同的人具有不同的能量。

能量是工作的能力。这种物理现象也存在于管理活动中,人、机构和法规都存在能量问题。能量可分为大或小,并且可以定义一定的管理程序、规范和标准体系,管理的能级是现代规模化生产发展的必然产物。当然,现代管理的"场域"和"潜力"也由此而生。图书馆管理的任务之一是创建一个与元素能量相对应的结构系统,以便图书馆系统可以正常运行。图书馆系统的"领域"和"潜力"属性可用于提高图书馆系统的整体性能。

（四）动力原理

图书馆管理系统具有以人为本的理念,并根据能量水平进行分工,让每个工作人员的特长与优势得到充分的发挥,但仅仅这样是不够的,还需要调动每个人的工作积极性和创造力。图书馆管理系统需要坚持动力原理,建立激励机制,充分激发每一个工作人员的工作兴趣与热情,使每个人自动为实现图书馆的目标而努力。

在正常情况下,我们认为最根本的力量是物质力量、精神力量和信息力量,这些可以提高图书馆系统的效率,推进图书馆管理行为,实现图书馆的总体目标。

图书馆管理的物质力量是指通过一定的媒介推动图书馆管理活动向一定方向发展的力量,这意味着能够最有效地满足读者的知识和信息需求。物质力量是所有人类活动的第一也是最后的原因,是激励图书馆员、开发人员加快工作速度、提高工作效率的主要方式。实践表明,图书馆系统各个组成部分的物质激励被忽视了。理性、合理的物质激励有利于促进图书馆工作。

精神动机不仅包括世界观,也包括人生观和价值观以及精神上的鼓励(如奖励、信任、关怀、更高的职位等)和思想上的日常任务。精神力量被越来越多的人所接受,是提高图书馆管理效率的重要力量。这是因为精神力量是一种有助于图书馆管理活动的力量,一方面,精神需要物质的激励,具体表现为工作环境和生活水平的改善与提高;另一方面,精神力量需要是积极正向的,正能量才能产生动力,目标方向才能正确,如果发挥得当,它会承受大量的物质负载。反过来看,精神动机对物质基础也有强大的反作用,精神力量可以改变或者加强物质激励的方向,并且可能扩大物质激励的范围,延长物质激励的时效性,还可以转化为每个个体的内在自信,它将对人们持续产生深刻的影响。每个个体的活动与行为都是受到精神动机的控制与支配,尤其重要的是,精神动机是图书馆管理系统不可或缺的组成部分,在实际操作中表现为文化建设与思想工作。

图书馆管理系统的整体目标是确保文化与信息资料的收集、整理、保管、文化输出与服务流程的顺畅。精神动机和物质激励可以最大程度地促进和鼓励图书馆管理活动从特定的角度以某种方式实现特定的目标。信息量迅速增加,科学知识的生命周期每天都在缩短,老化也逐步加快,此类信息变化的趋势对图书馆管理来说既是挑战也是机遇。在原有的管理系统的基础之上,现代图书馆管理系统需要增加信息化管理手段和方式,扩大规模、提高效率,科学合理地优化数据的输入和输出。能够建立在高级管理的基础上,图书馆的存在不仅取决于其数据处理能力和科学知识的生命周期,很大程度上也取决于外部环境和市场的需求。图书馆管理系统不但要满足用户的需求,更要引导用户;不仅需要突出有用的信息,还要对信息的质量和数量进行引导与控制。

（五）效益原理

图书馆虽然是非营利性机构,但是也适用于效益原则。图书馆的效益包括社会效益和经济效益。只有遵循效益原理进行管理,图书馆才能发挥其应有的作用,得到长远的发展。

能否实现图书馆的效益取决于图书馆管理系统的目标,只有制定了科学的、符合自身发展的目标,并围绕这个目标进行运营与管理,充分发挥图书管理员的工作积极性,才能实现经济效益与社会效益双赢。

图书馆管理效率有两个含义。一个与时间和周期有关,即实现图书馆管理系统目标的速度,具体表现为完成固定的工作量所需要的时间;另一个是关于各部门完成业务工作的质量,即工作的难度与复杂性。

二、现代图书馆管理的意义

（一）图书馆管理是图书馆发展的需要

图书馆管理工作是一个复杂的系统工程，需要各个部门、各个工作人员配合完成。它指导参与者、参与者的设备、材料，按照系统链条中的一定组织规则工作，只有按照程序和轨道有序运转，才能最终实现图书馆管理目标。

现代图书馆已经不再是唯一的独立存在，它需要不断地与外部环境发生交互，在资源交换中完成自身的壮大与发展。科学技术的发展拓宽了人们的思想与眼界，社会公众对图书馆服务的需求越来越多样化，这就需要图书馆不断增加其资源的数量和类型。图书馆操作由不同类型的库组成，为完善全国图书馆馆藏资源，需要建立科学有效的图书馆管理系统，以满足社会发展和图书馆自身发展的需要。

安静的图书馆环境

（二）图书馆管理是信息服务和用户需求的需要

互联网的发展与普及、信息资源的快速更新，用户的多样化需求，都对图书馆提出了更高的需求。他们具有收集和提取文献和信息的社会功能：一方面，他们必须保证来自多样化媒体的大量文档、信息记录正确；另一方面,需要不同的方法和途径来快速准确地将知识和信息提供给不同的用户。针对不同的需求,图书馆的运作应采取适当的措施,以促进图书馆员终身学习,进一步研究和预测社会资源和需求。这是图书馆管理中的一项重要任务。

第二章

现代图书馆知识管理研究

现代图书馆作为保管和交流文化、知识、信息的主要阵地,面对知识爆炸而产生的海量信息与社会用户越来越多元化的文化需求,迫切需要运用知识管理理论和方法来建立健全图书馆管理系统,拓展与丰富图书馆的信息资源,进行科学的运用与管理,以满足用户不断变化的信息和知识需求,并通过用户对服务的反馈对图书馆知识管理系统进一步完善与加强。

第一节　图书馆知识管理的内涵

在社会信息化进程中,图书馆作为重要组成部分,国家规定了每个公民平等地免费享有图书馆服务的权利。我国教育部颁布的《普通高等学校图书馆规程》中也明确规定图书馆作为学校信息化和社会信息化的重要基地,是高校教育信息化的重要组成部分,也是社会信息化的主要组成部分。

伴随着社会信息的指数快速膨胀,各类信息量空前庞大,信息的杂乱性、无序性日益突出。信息过剩和知识匮乏同时存在,用户往往沉浸在信息海洋中,寻找合适信息经常是大海捞针、不知所措。同时,信息环境下图书馆用户对知识的需求,在广度和深度方面都有了极大的扩展。图书馆用户对图书馆资料信息的需求越来越个性化,对图书馆咨询服务的方式、数量、质量、时效等方面的要求也越来越高。

图书馆收集各种类型的文件和数据库,其基本职能是保存人类优秀的文化遗产,提供传递科技信息的社会文化教育,开发相应的智力资源。现代图书馆作为知识管理的组织和机构负有非常重要的社会责任,因此,知识管理是图书馆管理内容的重中之重,需要引起足够的重视。整理和储存报纸、图书、杂志、音像资料、影像资料、图书馆原创数据库等知识信息,主要服务于人类历史文化的传承和保护。图书馆只有真正改进知识管理,才能利用互联网技术和信息技术对知识管理进行创新与利用,使其发挥最大的作用。

知识管理理论包括宏观、中观和微观三个层面,现代图书馆知识管理描述了知识管理的相关理论、技术和方法在现代图书馆中的应用,主要侧重于微观知识管理层面。根据用户不断变化的信息和知识需求,对信息、知识等相关信息进行统筹、配置和综合利用,并对用户进行服务与引导。从应用范围来看,可以分为广义的图书馆知识管理和狭义的图书馆知识管理。广义的图书馆知识管理注重图书馆满足用户知识需求的服务能力,是指图书馆充分利用馆内外的知识资源,参与知识的收集、分类、处理、组织、存储、交换、交易、传播和欣赏。它包括图书馆原始知识资本的管理,也包括对其知识运营、升值过程进行管理。其中可能涉及对图书馆物力固定资本、流动资本等有形资本,也可能涉及人力资本与知识产权资本的管理,管理活动还会涉及知识管理与信息网络管理之间的良性互动。从狭义的角度来讲,图书馆知识管理更加强调图书馆知识资源的升值利用,主要是指图书馆内部知识的管理与应用,对知识的管理活动和过程与广义知识管理类似。也有学者基于知识服务和基于人本管理角度对图书馆知识管理进行解释。一方面,图书馆对其内部丰富的信息知识资源进行收集、提炼、组织、加工、开发、服务、传播,发挥其知识服务功能,以满足用户的图书知识需求;另一方面,人是知识管理的具体实施者和提供者,也是分析、挖掘和发现有用知识的主体。同时,人是图书知识尤其是隐性知识的重要载体,图书馆的知识管理应重视人的重要作用,在图书馆的知识管理中一定要以人为本。图书馆知识管理以人为本,可以应用员工掌握的先进计算机技术、网络技术和数据库技术,对图书馆的显性知识充分利用和创新,对隐性知识开展挖掘、分析和创新。

图书馆知识管理的主要对象是知识。现代图书馆知识主要包含显性知识和隐性知识两个部分。显性知识主要是指能存储在纸张等传统介质上的文档、报告等信息资源,图书馆显性知识的特点是便于整理、存贮、传递和分享。图书馆隐性知识主要是以图书馆员工、图书馆用户、与图书馆有关的各类协会团队、部门和小组等个体和组织为载体的无形知识。这些知识是图书馆知识管理中最重要的内容,它以隐性知识的发现、挖掘、传播、共享和利用等为基础,实现知识创新和知识价值的最大化。它可以是从图书馆内部获取的隐性知识,也可以是个人或组织从图书馆外部获取的隐性知识。图书馆隐性知识可分为认知性知识、技能性知识、系统知识和自发性创意四个层次。

图书馆显性知识与隐性知识在概念上有较大区别。隐性知识存在于人脑,源于经验,是无法表达的、直觉的、模糊的知识,它很难获得、复制和转移。显性知识容易准确定义,易于在个体间传播,能够通过正式、系统化的语言以及文字等载体进行转移。显性知识是隐性知识的具体表象和表现成果,隐性知识是显性知识进一步结构化、显性化的必要前提和基础,两者相互依赖,可以相互转化,并在转化中提高知识的价值。通过知识管理,可以实现知识的有效交流、共享和创新。从整体来看,图书馆知识管理是应用知识转化、加工等理论方法,充分利用图书馆内外的优势资源要素和条件,如图书馆的纸质图书文献、信息技术、多媒体数据库、知识库和知识网络平台等,将用户所需的知识节点相关联,并有效地整合和配置,应用创新性的知识,为读者提供最优质的知识服务,在实现知识升值的同时,也达到服务社会的目的。

知识是图书馆的无形资产。图书馆知识管理与传统的人、财、物这些有形资产管理一样重要,应并行开展管理。无论是显性知识还是隐性知识都是现代图书馆的重要信息资源,需要运用科学的知识管理方法进行管理与应用。出于知识管理及用户的需要,可能将部分隐性知识进行显性化处理,也可能将显性知识进行隐性储存与备份。总之,现代图书馆知识管理强调通过优化内部管理方法,对馆藏的显性知识和隐性知识进行有效开发、利用和共享。而图书馆知识管理的出发点和落脚点是源于用户对图书馆资源的检索需要,强调对图书馆显性知识的有序化组织与整理。当然,随着图书馆管理工作重心和服务理念由传统的信息文献组织向知识加工服务倾斜,对馆员所储备的知识和服务技能的挖掘、开发和利用也日显重要。学习知识管理方法,加强图书馆内部管理是图书馆知识管理的双重任务。

作为一种全新的管理理念和工作方法,图书馆知识管理顺应了信息时代的发展以及用户的个性化知识需求,具有鲜明的时代特征和独特的创新之处。图书馆知识管理的创新性主要体现在知识管理内涵、理念、原则、技术和方法方面,也包含着知识模式和知识系统自身的创新。因此,图书馆知识管理本身就是一个系统、全面的创新。现代图书馆工作人员需要彼此信任、互相学习,通过共同目标将所有工作人员联系在一起,营造和谐又富有创造力的工作氛围,促进知识在图书馆中的共享、转移和创新升值,实现图书馆知识体系创新。这一创新具体表现在管理模式、方法和内容三个方面。在管理模式上,图书馆知识管理建立在人文主义的基础之上,改变了上级领导下级,下级只能听命令的传统模式,实行扁平化管理,所有工作人员都是管理系统的一分子,都是实现共同目标不可缺少的力量,形成了良好的创新制度环境,有利于图书馆资源的升值。在管理方法上,图书馆不断更新管理理念和方法,调整用人机制、激励机制,培养员工竞争意识和服务意识,建立高效的知识管理和知识服务体系,通过知识转移、共享、转化等方法,实现知识的传播、加工和利用,为知识创新升值提供重要基础和支持。目标管理采用基于结果导向的指导原则,图书馆管理者和下属在共同目标引领下实施管理并取得成果。图书馆的知识管理通常从总体目标的设定开始,然后根据总体目标设定工作规程和进度,强调结果和效率,并根据目标的实现水平评估绩效,引入竞争机制激发工作人员的热情和兴趣,使其有意识地参与实现共同目标。在管理内容上,图书馆通过分类、整理知识内容、类型,融合各类知识资源,建立起针对用户的知识库和数据库,并不断优化、更新知识体系和知识创新流程,加强知识管理技术支持和人力资源支持,提高员工知识文化素质和学习能力,提高团队合作意识和服务意识,实现图书馆的健康、持续发展。

第二节 图书馆知识管理的核心

知识是图书馆核心竞争力的主要体现,也是其获取竞争优势的重要来源。知识管理理论与图书馆相结合将会给图书馆界带来管理模式的创新,大大提升图书馆的管理效益,增强其核心竞争力。图书馆知识管理作为信息管理的高级发展阶段,是图书馆历史发展、演变的更高过程。在信息时代背景下,图书馆的知识管理充分利用了计算机网络技术和信息技术,图书知识数字化、网络化发展趋势明显。当然,在此背景下,图书馆的发展也面临着巨大挑战和竞争压力。与图书馆功能类似的许多网络信息服务商、供应商日益增加,图书馆不再是图书信息服务的主要提供者。图书馆只有紧紧抓住知识管理和知识服务这一最新理念,充分利用丰富的信息知识资源,为用户提供优质的知识服务,才能在激烈的市场竞争中立于不败之地。美国新墨西哥州立大学的图书馆馆长Townley认为,知识管理这一新兴研究与应用领域为图书馆等类似组织创建知识、改善组织效益提供了良好机遇。

当前图书馆的核心工作业务正由后台文献资源管理逐渐转变为面向用户需求的信息知识服务。从提升图书馆核心竞争力角度来看,应该努力推广知识管理和知识服务在图书馆中的应用。隐性知识管理与显性知识管理就像图书馆知识管理系统的大脑与小脑,二者共同作用,支配着图书馆的知识资源和管理方式。图书馆核心竞争力的提升主要依赖于隐性知识,其有效支撑着图书馆服务水平和能力,决定着图书馆各类优势资源与要素的难以模仿性,也决定着图书馆发展的可持续性。

因此,图书馆的服务、发展及竞争优势的增强依赖于其对隐性知识的管理。图书馆对其隐性知识的管理是近年来图书馆在知识经济大背景下提出的一种新观念和新应用,也是推进知识管理、知识服务工作的必然趋势。

图书馆知识管理属于公共知识类型的管理,其重点是对显性知识的有效整理、开发、研究和利用,同时还重视馆员之间、馆员与用户之间的隐性知识交流、共享和创新,并加快显性知识和隐性知识的转化和共享,实现隐性知识显性化。借鉴比较成功的知识管理、运作策略对显性知识和隐性知识进行管理,图书馆也可以开展编码策略和个性化策略。图书馆知识管理的编码策略主要是针对显性知识管理,知识管理的个性化策略是针对隐性知识管理。

目前的图书馆经常通过专家和实习生的教授方式传达其员工的知识和专长。如果这些职位的人才离开或失去了储存在脑海中的隐性知识,它将不复存在,这将大大影响图书馆的正常发展。同时,由于传统图书馆管理中缺乏良好的知识交流、创新翻译和激励措施,缺乏对图书馆员的培训、教育和激励措施,往往会导致服务质量低下和生产力低下。这些问题都反映出图书馆应强化知识管理机制方面的必要性。

图书馆将其核心竞争力定位在知识服务后,根据用户的知识需求、存在问题和环境,以图书信息知识为对象,展开整理、组织、搜寻、挖掘、分析、重组等知识管理工作,为用户提供专业、有效的知识支持、应用和知识创新服务。图书馆知识管理实践,应该将重点放在整合具有专业知识技能的馆员以及知识资源,真正将图书馆的丰富文献馆藏进行挖掘与作用。

从知识的转化、升值过程来看,图书馆知识管理可分为知识采集、知识转化、知识创新三个阶段。首先,图书馆针对可能的用户需要,利用内外部的各种渠道,采集不同类型的图书知识资源。其次,图书馆将这些无序的,甚至不相关的信息整理、整合,通过数字化和网络化、客户关系管理、人力资源管理等手段,实现图书馆内的隐性知识向显性知识转化。最后,以用户需求为目的,通过信息知识的有序组合与关联,产生新知识,实现图书馆的知识创新,并通过文献传递等方式为用户提供知识服务。

第三节　图书馆知识管理的方法

图书馆知识管理是一种全新的管理理论,是指方法论、衡量标准、实现图书馆管理目标的模式与方法、管理者如何实践管理的理论和方法的总称。现代图书馆适用的知识管理方法主要有目标管理方法和全面质量管理方法。

一、目标管理方法

图书馆的目标管理遵循以结果为导向的意识形态。图书馆主管人员与下属人员共同选择一定时期内的共同目标,制定指导方针,分析不同层次的目标,采取行动,安排时间,进行具体应用,对内部自我控制和图书馆自制的科学管理方法进行严格的考核评价,以实现管理目标。

图书馆目标管理具有如下主要特点:

(1)整体性。管理图书馆目标是一种有组织的团体活动,它通过一个相互关联和相互限制的目标系统来执行。其中大部分是垂直、上下控制的关系,也有一定的横向关联,相互联系,形成一个整体。

(2)有序性。管理图书馆目标通常从定义总体目标开始,然后将一般目标分解为高层目标、中层目标、基层目标、个人目标等,形成一个有条理的目标系统。

(3)成果性。图书馆以强调结果和效率的哲学管理理念运作。它衡量组织和个人的绩效,同时考虑目标的实现。这是一种注重结果的管理。

(4)参与性。作为图书馆管理的共同目标需要全员参与,每一份子都是整体的有机组成部分,所有人都要努力贡献自己的力量与特长。从制定目标,到实施管理、成果验收,再到评价与反馈,每一个环节都在目标管理范围内,是一种联合管理。

(5)激励性。制定了共同的管理目标并不是全部,还需要建立竞争与激励机制,激发工作人员的积极性和创造性,使其自动自觉为实现共同目标而努力。

图书馆管理创新的目标如下：

知识管理尊重员工的角色，关注员工的发展。重点是贯彻以人为本的管理理念，进一步发展员工管理。用敏捷管理代替僵化的目标管理，让员工充满热情和创新精神。

释放知识管理。通过在灵活、扁平的组织中建立基于知识的团队来削弱层次结构。注意平等参与，克服上下数据通信不畅的缺点，有利于在图书馆内打造一个完全一体化的图书馆，为人们充分发挥积极性和创造性创造一种平等竞争的氛围。

知识管理还通过创造知识共享的环境，使图书馆部门和员工的关系更加协调，使图书馆成为一个学习型组织，根据其目标促进知识共享和创新。

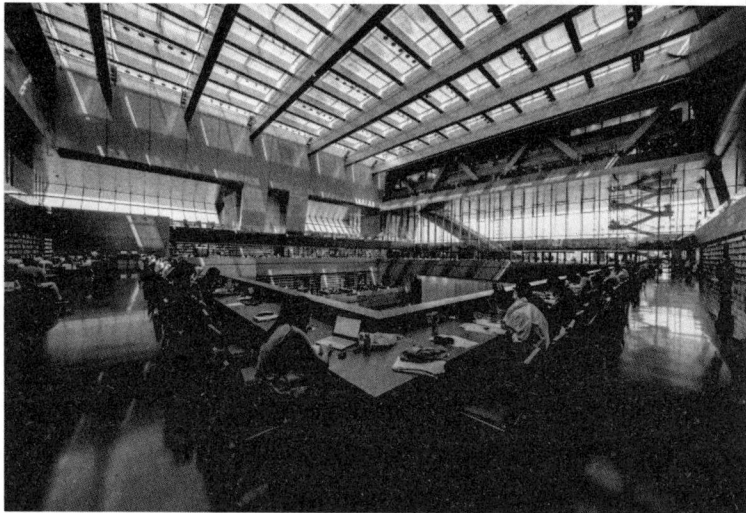

国家图书馆一角

二、全面质量管理方法

全面质量管理起源于美国，费根鲍姆于 1961 年首次提出全面质量管理的概念，称为全面质量管理。它是一个充分参与的质量组织，旨在通过满足组织和社会所有成员的客户需求和利益来实现长期成功。1990 年，全面质量管理成为国内外图书馆工作的重点。

图书馆全面质量管理是指图书馆动员各部门和图书馆工作人员提供和提高信息服务质量。充分利用管理技术、专业技术、思想教育、经济方式和科学方法,提供可靠的服务质量保证。对所有服务过程进行有效控制系统,设计、制造和提供满足用户需求的信息产品和信息服务,以达到最合适的质量,实现最好的服务,并最终实现持续改进。

图书馆全面质量管理具有如下特点:

(1)图书馆全面质量管理不能只针对片面的、某一环节、某一部门或个人而进行,必须是全面的、全过程的和全员参与。

(2)图书馆全面质量管理的整体目标与评价标准是图书馆用户的满意度与实际需求。

(3)图书馆全面质量管理是一个连续的、动态的、有机的系统,不能将各个环节与部分割裂开来。

科学管理实践和一般质量管理实践有很多共同之处。图书馆工作人员的"全面参与"使得全面质量管理对于员工培训非常重要。只有提高员工的素质,才能获得优质的工作和服务,这就像以学习为导向的科学管理。科学管理认识到学习是创新的力量和源泉,只有不断改进个人和组织的培训,才能提供高质量的知识服务。

全面质量管理要求在问题识别和解决的全过程中实现"持续改进",这也类似于科学管理中的"科学螺旋"。不同类型、不同层次的科学实施,决定了科学创新是一个持续的过程。总之,科学的管理方法创造了全面的质量管理方法。

第四节 图书馆知识管理系统研究

一、图书馆知识管理系统简介

图书馆知识管理的实施需要一个有效的图书馆知识管理系统作为平台。知识管理系统是以网络化信息技术为工具,人机一体化的、以人的智能为主导的管理系统。图书馆知识管理系统中的每个环节都充满了图书馆员对知识的显性和隐性使用。图书馆知识管理系统的总体目标是整合知识资源。在图书馆中包含清晰和隐含的知识动态、复杂的知识日志,驱动图书馆知识创新,系统可以提高图书馆的知识创造能力。这将有助于提高知识管理的效率和有效性,并达到为读者提供优质知识的目标。[①]

在我国,图书馆知识管理系统明显落后于国外的知识管理系统,有的图书馆已经具备了图书馆知识管理系统的多数功能,有的图书馆知识管理系统则仅仅限于文档管理、全文检索等基本的功能。同时,由于各地区经济实力和发展水平不同,相应的各地区图书馆的建设和发展也存在差异。我国图书馆知识管理系统的构建,受到许多因素的制约,如建设资金制约、系统管理技能制约、图书馆规模、现代化信息技术水平、馆员文化素质、专业业务流程、外界政治市场等条件变化。

二、图书馆知识管理系统构建

(一)系统必要性分析

图书馆管理系统作为一个有机单元,必须考虑整个系统与其要素、要素与要素、系统与环境的关系,以揭示不断变化的图书馆学管理规律。图书馆知识管理系统与外部环境的关系决定了整个系统的发展,因为图书馆知识管理系统总是在特定的环境创建的,所以必须与外部环境相适应,不能脱离外部环境而独立存在。外部环境极大程度地影响着图书馆知识管理系统的构建,无论是建立知识管理实施的基本框架,还是提高知识管理绩效,都需要将外部环境因素考虑在内。图书馆科学管理只有在特定环境仍然存在的情况下才能生存并继续发展。

现代图书馆是一个社会性的、开放的、动态系统,不断将知识输入转换成知识输出。图书馆知识管理系统涉及社会、人、财政、物质、信息知识、管理任务、作业和部门间的协调与作用,属于较为宽广的人类社会系统的子系统。图书馆的生存和发展不仅对环境具有很大的依赖性,还与社会政治、法律、经济、文化、科技和自然条件等因素有关,对图书馆知识管理系统及图书馆知识管理活动有着直接或间接的影响。为了有效、充分地发挥图书馆知识管理系统的功能,实现知识管理目标,需要按照一定管理、经济、技术和社会规律,运用有效的知识管理方式,将系统各要素有机地组织起来。

图书馆知识管理系统是整个图书馆系统的一个子系统。成功使用图书馆管理系统,必须建立图书馆的知识管理体系,两者之间有一种平

---

① 冯媛.图书馆知识管理理论与应用[M].南昌:江西高校出版社,2015.

稳、均衡的发展关系。知识管理就像一颗种子，图书馆系统为那颗种子提供了环境友好的营养和能量。只要图书馆的知识管理系统没有大的缺陷，图书馆可以通过改革和完善图书馆系统，为知识管理系统创造良好的工作环境。环境对管理活动和管理效率非常重要，合适的环境促进管理，反之，如果忽视系统环境的创建，最终的管理目标就难以实现。

图书馆知识管理目标的实现需要重视图书馆内部环境、建立激励机制以及适应外部环境，这三个构成要素都是系统缺一不可的。这三个构成要素互相促进、相互作用、协调发展，保证知识管理系统的合理建设和有效运行。

（二）系统模型

图书馆知识管理系统模型包括知识资源、知识生产和知识升值三个层面的内容。下面主要就知识资源、知识生产两个层面展开详细论述。

知识资源层主要是图书馆知识管理的资料来源。这些知识资源包括图书馆内部知识资源和外部知识资源，具体包括 Web 资源、文本资源、多媒体资源及其他统计和业务信息资源。

知识生产层是提供图书馆用以知识生产和集成的中间层服务活动，主要包括知识需求、知识获取、知识加工、知识集成等方面的服务内容。知识需求服务主要是馆员利用自己的专业知识帮助用户明确知识需求数量和内容；知识获取服务是图书馆提供知识调查和知识提炼工具，帮助馆员和用户从数据库中抽取知识，从文档和程序中获取知识；知识加工服务是通过科学的知识分类方法和文档、网页制作工具以及数据转换工具，构造知识地图，向馆员和用户发送合适的信息和知识；知识集成服务主要包括数据仓库服务、LAI 过程集成服务、LAI 数据集成服务、Portal 数据集成服务和智能代理服务等内容；数据仓库服务主要利用图书馆集中和分布式网络结构，将图书馆内外的各类信息知识资源加以整合，实现系统软件和流程的相互连接以及决策信息的交换。LAI 过程集成服务主要功能是集成图书馆知识管理系统和图书业务应用系统，使图书馆知识管理活动和日常业务管理过程紧密结合。LAI 数据集成服务支持图书馆知识管理系统有效整合图书馆核心业务系统中的各项业务信息。Portal 数据集成服务能够将不同类型、不同来源的信息和知识输送给统一的 Pot 入口，帮助图书馆实现便捷的知识访问手段。图书馆智能代理服务是知识集成的更高阶段,能够利用现代智能技术,将图书馆知识管理系统集成和加工成实时智能系统,在有效监控图书馆各个专业业务的同时,也能从图书馆业务数据中发现关键信息,并根据图书馆业务规则进行系统管理。

全面系统的网红书店

（三）系统功能分析

1. 内部环境

图书馆知识管理的内部环境对其工作实践能起到极其重要的作用,很多项目之所以没有达到预期效果,就是因为项目负责人及相关成员在具体执行的时候忽视了这一点。有学者指出,面对日益增长的、复杂的、非连续的环境变化,采用知识管理是提高图书馆组织适应性、生存和竞争能力等方面的重要措施。环境变化是影响图书馆知识管理的重要因素之一,直接影响着知识管理的实施效果。图书馆内部环境不是单一的,而是由几个部分组成,并且每个部分都显著地影响着图书馆的知识管理行为。图书馆的内部环境因素既可以单方面作用于图书馆知识管理,又可以多方面共同作用于图书馆知识管理。

图书馆主要的内部环境要素包括以下几个方面。

（1）知识创新和共享的图书馆文化

图书馆的组织文化是推进图书馆知识管理的最重要因素。图书馆文化可以激发图书馆员之间的互动、知识交流经验和意见，可以坦诚交流。

创造一种独特的学术图书馆文化氛围，让每名馆员都沉浸在这种积极的、颇具感染力的氛围之中，孜孜不倦地去汲取知识和养分，这也属于图书馆知识管理的范畴。这种图书馆文化推崇创新，实行知识共享，它给馆员们带来好的精神体验，但同时，后者也受到这种文化的影响和限制。图书馆文化将主导图书馆员创新知识的认知、价值观和行为。这一切都揭示了图书馆文化的根基。在实施图书馆知识管理的过程中，图书馆文化不可避免地会受到影响，这最终会导致知识管理的限制。成功的图书馆管理需要努力改变与图书馆管理不相容的不同文化，如果忽视图书馆文化持续深入的改革，必将导致图书馆管理底线的不稳定甚至会导致失败。

图书馆知识的管理方式及其运作方式是图书馆文化的一部分，创建和改进图书馆文化是图书馆知识管理的重要组成部分。图书馆文化和图书馆知识管理是相互关联的，优秀的图书馆文化是现代的、一致的、标准化的、不拘一格的、规范的。

图书馆知识创新文化会影响和制约馆员创新意识、创新精神的培养。良好的知识创新文化能使馆员与馆员之间直言不讳，充分交流、发表自己的知识见解，鼓励馆员对各种知识管理存在的问题提出质疑，这有利于打破图书馆中一些束缚馆员创造性思维的条条框框，能够主动寻求更好的解决方法。馆员可以提出冒险性的创新思维，表达自己的见解。良好的知识创新文化能将馆员与领导之间的不信任气氛，变成一个相互信任、尊重和合作的良好氛围。

图书馆中的知识共享文化可以在协调图书馆组织中的共享价值观和知识行为方面发挥重要作用，还可以提高馆员在图书馆知识管理中的责任感和认同感。因此，它是优质灵感的源泉。图书馆员还可以在共同的信仰和图书馆管理的文化价值观之间创造持久的团结和创造力。图书馆中的知识共享文化可以提高对隐形群体的认识。培训图书馆员，使图书馆服务成为图书馆员自身价值观和行为的规范，使图书馆服务的任务成为图书馆员的自觉选择。

（2）人力资源管理

知识管理中的技术因素，如数据仓库、数据挖掘和分析、互联网、决策辅助、自动化标准等约占知识管理任务的 10%；知识图谱整合工作流程、最佳工作实践、图书馆和信息标准等过程因素约占知识管理任务的 20%；人与文化因素，如态度、分享、知识创新、专业技能、团队合作、知识创新的动机、组织、长期目标、沟通标准等，占知识管理工作的 70%。

与图书馆知识管理中的其他行政要素或对象截然不同的是，人们对资源对象的管控是需要采取多种手段、技术，通过各种渠道来进行的。这种资源对象是具有图书馆精神文化的知识主体。所谓知识管理，不单单是一种制度化的过程，也与图书馆文化等精神息息相关。所以说，在整个知识管理中，图书馆人力资源管理是很核心的部分。想要建成现代化的，极具文化氛围、创新氛围的图书馆，需要一流的工作人员，尤其是图书专家数据提供者和知识中介者，应该具备高水平的信息技能和文化素质。

想要实现图书馆知识管理的预期目标，首先需要对图书馆相关人员进行专业化管理。图书馆员在图书馆知识管理及创新的过程中扮演着不可替代的角色，他们在承担管理者和发明者的责任和义务的同时，也得扛起服务者的责任和义务。我们需要通过各种方式去鼓励图书馆员积极参与到图书馆知识管理的过程中去，和相关人员一起努力去营造知识共享文化氛围，并创建起庞大的图书馆知识库。为了实现这个目标，可以提供各种专业培训去提高图书馆工作人员的知识文化水平和专业素养，鼓励他们勇敢地突破自我，拥有自我发展的意识。

（3）知识管理技术

图书馆知识管理技术是包括知识生产、储存、提炼和传递知识等技术在内的现代信息技术，能够协助人们实现图书馆知识管理，这些技术覆盖了图书馆知识活动的各个环节。

图书馆的知识管理与信息、网络和其他技术的支持有关。尽管图书馆知识管理并非纯粹的信息技术活动，但是图书馆知识管理的各种功能和知识服务的最终交付都依赖于这些技术。支持图书馆员工作的现代信息、网络和其他技术是图书馆知识管理的关键组成部分和关键贡献者，并为图书馆现代化实践提供强有力的支持。

一方面，图书馆知识管理技术为图书馆知识创新提供了重要的信息保障。信息时代，知识创新的周期不断缩短，传统的原始信息交流方式无法适应快速变化的图书馆工作实践。信息网络等技术能够使图书馆更快地传递信息和更广范围地获取信息,并使各类信息有序化、规范化,为知识创新提供信息保障,为知识服务奠定基础。

另一方面,图书馆知识管理技术为图书馆知识交流创造了重要平台。图书馆知识的有效交流需要相关信息技术的支持,在图书馆知识共享中广泛使用信息技术可以扩大知识共享和传播的范围。

现代信息网络技术是实现信息交流和知识共享的重要手段,同时,也是有效解决知识产权保护问题强有力的技术、方法。知识创新鼓励知识共享和交流机制,也不可避免地会产生知识产权保护问题,知识产权保护是图书馆知识创新者的创新积极性不可忽视的一个方面。利用信息技术可以解决好与图书馆知识创新有关的知识产权问题,将先进的技术用于需要图书馆保护的信息产品,不同类型的用户被赋予不同的访问权限,便于不同的用户都可以正确使用,同时保护知识持有人的合法权益。

信息网络技术还促成了一种新的图书馆组织结构和权力形态类型,权力开始向更多馆员手中分散。在图书馆知识网络中,馆员个人或组织可以平等、自由地相互联系,采取联合行动。没有哪一个组织和个体居于网络的最高位置,每个主体都只能是网络的一个节点。

2. 激励机制

一般来说,激励机制包括激励组织或个人为实现特定目标而努力。其动机的本质是将组织的三个基本的、相互关联和相互依存的要素联系起来,这三个要素即组织需求、内部驱动和组织目标。目的是使组织或个人努力工作以满足读者的需要,同时在一定程度上实现组织或个人的目标。激励方法和机制对于调动员工积极性、提升员工潜能至关重要。美国哈佛大学的相关研究表明,在组织没有激励的环境中,只有20%~30%的组织人才库可以在良好的企业激励环境下使用。同一个员工可以发挥80%~90%的潜力,因此,组织及其管理层追求的理想职位是让组织的员工始终保持良好的状态、激励机制和环境。

强有力的协作激励机制对于图书馆知识管理至关重要,图书馆知识管理必须有相应的知识激励机制相配套。

支持图书馆知识管理体系实施的激励机制是图书馆为引导图书馆员的知识、行为和创新价值观,并鼓励图书馆员、团队或团体而建立的奖励标准和程序,鼓励图书馆馆员、团队或群体利用其知识帮助图书馆实现知识管理的目标。

图书馆知识管理系统是一个帮助图书馆收集、整理、分析、开发和共享知识的系统。图书馆的知识管理运作主要依赖于知识广博的员工,并且需要有激励机制来促进这些员工的知识行为。

3. 外部环境

图书馆知识管理系统不仅需要重视影响其内部环境的系统,还要将目光放在图书馆外部环境上,但凡出现一点变化便要未雨绸缪,针对那些变化作出相应的调整。

(1)宏观管理体制

从宏观体制上看,我国图书馆的管理属于传统的文化管理,其组织和规章制度不利于图书馆知识创新。图书馆往往缺乏资源来获取和开发用户管理知识所需的资源、设备和软件系统;图书馆没有软件和硬件开发费用,或者没有软件维护和设备更新的后续费用。总体而言,目前图书馆的宏观管理系统不利于图书馆知识管理系统的实施。

(2)图书馆用户

图书馆用户的需求是推动图书馆开展知识管理活动的最直接、最重要的外部因素。在数据网络环境中,图书馆用户的需求不再是碎片化的。但在知识的海洋中,系统化的有价值的知识应该被图书馆用户很快找到。图书馆在提供文献和知识方面的独特优势,使图书馆不仅拥有大量的专业数据库和其他知识资源,而且拥有经验丰富的图书馆员,能够很好地满足用户的知识需求。

第三章

现代图书馆文化管理研究

现代图书馆文化作为一种理性的、自觉的文化,具有特定的功能,理解、把握和认识图书馆文化的具体功能是学习图书馆文化的根本目标。新形势下,要认识新文化在图书馆中的作用,把图书馆的管理和发展推上一个新的台阶。

第一节　图书馆文化的内涵

一、文化

（一）国外学者关于"文化"的代表性定义

从英文拼写来看，文化的英文是 culture，源于拉丁文 cultur，意译为耕作。国外学者根据文化的语源和发展提出了许多不同的文化的概念。英国著名人类学家泰勒是现代第一个界定文化的学者，他的定义也最具有权威性和代表性。他认为：文化是一个复合整体，包括人类社会中的一切知识、信仰、艺术、道德、法律、风俗以及其他作为社会一分子所习得的任何才能与习惯，是人类为使自己适应环境和改善生活方式的努力的总成绩。

管理学家艾德·斯凯恩对文化的定义是综合了所有的文化的内涵，他对文化的定义为：一套基本的假设，解决外在适应力（如何生存）和内部集成（如何共同生活）的普遍问题的共同方法，它被各个时期包含，并从一代传到下一代。斯凯恩的文化概念包括三个层次，这三个层次分别如下：

（1）表象和行为。表象和行为是文化的最表层，指我们初次进入一个新群体，面对一个不熟悉的文化时，所看到、听到和感受到的一切表面现象，是可以观察到的组织结构和组织过程。如建筑物和内部设计、欢迎仪式、服装、语言、谈吐、情绪以及表明组织价值观的标语、显示文化底蕴的仪式和典礼、彰显组织制度的书面和口头的规定等。这个层次包括了一个群体可见的行为，以及该行为成为习惯性动作的过程。

（2）信仰和价值观。信仰是对未来人权的全球意识，道德是信仰控制下的正确行为，价值观是社会成员评价行为和事物的标准，并从许多可能的目标中选择所需的目标。价值观体现在人们的行为和态度上，是世界观的核心，是驱动人们行为的内在驱动力。价值观可以控制所有社会行为，包括社会生活的方方面面。

（3）基本假设。基本假设是指人们在长期的工作和生活中自然形成的潜意识的解决问题的方法，如处于潜意识中的一些信仰、知觉、思想、感觉等。它的形成是当某种解决问题的方式可以持续有效地解决问题时，则该方式就被视为理所当然，有可能形成固定的表象和行为。

（二）国内学者关于"文化"的代表性定义

文化是自古以来就存在于中国系统中的一个术语。人文主义、当代文化学家张荣寰于 2008 年 3 月对文化进行了定义。文化代表了某种程度的关系。"个性和共性"与人类存在的现实，即具有更高人格的人，在历史层面、社会层面、自我层面都得到渗透和表达。文化是反映一个人的个性和环境的定义，为社会中人类观念的研究提供充分的理论和精神支持。

文化代表了一个人的最高价值。这是对人格的最高定义，也是最高的文化表现——通过真、知、善、仁、美的信仰认识人格。文化也是人文学科的社会表征。人类的真理只能是源自于人本身。而所有的物质，除了人以外，都反映在一个人的生活中。人类的文化秘密被保存在大自然中，文化是人类幸福的工具。通过在创造生活条件的社会实践中的交流和文化包容，人们感受和理解个人、群体乃至人类目标、理想和正义的实现以及共同利益的实现。所以要庆幸，文化是文明的载体。人类个性和生态的成长直接导致文明，文明是血缘、种族与信仰探索的发展结果。要创造更高层次的人类文明，应建设更先进的文化。

文化是人类群体整个的生活方式和生活过程。文化的存在取决于人类创造和使用符号的能力，符号是文化的最外层。价值观是文化的核心构成，价值观指人们评判日常生活中的事物与行为的标准，它是人们喜欢某种事态而不喜欢其他事态的一种普遍倾向性。如辨别善恶、美丑等，决定着社会中人们共有的区分是非的判断力。

文化来自人类与自然和社会的互动，结合了思考、行动和创造性活动，它是一个有很多内涵的概念。个人层面是本体在社会生活中所得到的全部经验；社会层面是社会成员相互学习和交流的集体经验；自然层面是经由人的努力而被增加和被创造的部分。在个人知识层面，它是一个行为指标，是评估经验活动的基础。文化，从本质上说是人性质的内化和外化。

二、图书馆文化的定义

图书馆是收集和传播人类传统文化的中心，是现代科学文化和文学信息中心的前沿窗口和读者获取知识的殿堂。图书馆的产生和发展受文化的影响，在为文化发展服务的同时，在长期生存和发展的过程中形成了自己独特的文化。"图书馆文化"一词最早是在 20 世纪 90 年代由美国图书馆管理学界提出的，并迅速发展起来。近年来，随着图书馆文化研究的深入发展，许多学者从不同的角度对图书馆文化进行了界定。

图书馆琳琅满目的书籍

（1）图书馆文化是图书馆创造的物质文化和精神文化的总和。

（2）图书馆文化是指全体图书馆工作人员在共同工作和生活中所营造的文化氛围。它是图书馆创造的精神财富和通过一些中间渠道创造的物质财富的总和。它的构成分为非物质和物质，物质文化是有形的，而无形的是制度文化和精神文化。

（3）对于一些地区、国家和社会在历史形成过程中的积累、传播和文化发展，我们可以推断出物质上的成就。精神财富中与图书馆事务相关的制度规范和行为称为图书馆文化。

（4）图书馆文化是指价值观、行为和管理风格。图书馆的精神、伦理和发展是在图书馆长期为读者、目标和意识形态服务的管理活动中确定的社会和历史环境中逐渐显现出来的。图书馆文化反映了图书馆的风格，良好的图书馆文化会对馆员和读者产生强大的凝聚力、感召力，对图书馆的发展起着巨大的推动和促进作用。

（5）图书馆文化是图书馆在长期历史发展过程中所积累的、并维持或促进其存在或发展的意识、价值观、行为准则等管理特征的集合。

（6）图书馆文化是普遍意识形态的伦理和形式在图书馆的长期发展过程中逐渐出现的。理想的技术技能素质、图书馆员的服务素质和人际关系等都可以创造整个图书馆的素质。

上述观点从不同的角度，如从文化研究的角度，展示了图书馆文化的内涵。这种文化的复杂性和广度赋予了图书馆文化内涵的丰富性。

三、图书馆文化及相关文化

（一）书文化

从书的产生到发展，留下一系列纵向的关于书的文化遗存；从书的生产到利用，又发生着一系列关于书的社会文化现象。书的这种纵横交错的存在和发展，就是书文化。书文化具有历史的继承性、民族性和广博性的特征。继承性的基础就是重要典籍代代传阅的历史继承性，各民族的书文化都带有自己的特色，并以本民族的特有形式发展起来，形成民族的传统；书文化还具有广博性，凡有人群的地方就有书籍，只要有书籍，就会产生相应的书文化。书文化积累、保存和发展了人类文明，是人类文明的重要支柱和发展的巨大力量。图书是图书馆中必不可少的物质基础，书文化也影响着图书馆文化。

图书馆藏古书籍

（二）网络文化

随着互联网的出现，书籍不再只是图书馆的支持。网络文化是一种新的文化形态，融入图书馆文化，优势互补，但它对图书馆文化的长期主导地位构成了严重威胁。

网络文化具有以下特点：

（1）高时效性。通过互联网传播文化的速度和效率是以往任何文化或文化媒体都无法达到的，这一特点对促进各国传统文化的交流起到了不可估量的作用，整合了世界各地的科技、文化和教育。

（2）开放性和个性。网络文化的强大开放性是其最大的特点。网络文化是兼容的，允许任何文化传播，不同的文化可以完全映射并在网络中有效交流，最后，在网络中实现了人类文化的融合。个性化的在线文化意味着每个人都可以上网分享想法、分享学术观点、与世界各地的人们联系。

（3）互动性。互联网不仅改变了我们接收信息的方式，它也是传递和传播信息的方法，变单向的传统直线交流为交互性传播，亦即人们在信息交流系统中发送、传播和接收各种信息时表现为实时交互的操作方式。交互式传播表现出多方向、大范围、深层次的特征，从而使人类的文化交往方式面临深刻的变革。

（4）虚拟性。虚拟性是区分网络文化与传统文化的一个关键特征。在虚拟的文化世界中任何人都可以匿名、多重角色表现自我、并与其他人或群体发生各种关系，进行文化交流，许多文化可以共存。网络文化也是一种多元竞争的文化。网络为信息的传播和表达提供了无限的渠道，因而包容了传统文明状态下所产生的一切文化因素，各种文化形式多元并存，并形成激烈的竞争。

网络文化是不同民族文化共同创造的有机体。当网络文化出现时，一个有活力的国家的每一种文化不仅面临挑战，同时也是学习、借鉴和发展的机会。在当前网络时代，如有必要，图书馆文化可以通过网络文化来补充和引导。网络文化为图书馆文化提供了更广阔的发展空间，网络文化与图书馆文化的融合，其本质是科技的融合。

知识的海洋

　　网络文化和图书馆文化可以结合，创造一种温和的共存。图书馆文化要吸收网络文化的精髓作为图书馆文化的一部分，活跃图书馆文化。可以利用网络文化来收集优秀的图书馆文化，建立数据库，建立专门的网络。传递优秀的图书馆文化和民族精神，使图书馆文化与网络文化实现温和互动，并在整合的同时提高网络信息安全意识。共同反对数据污染，使图书馆和网络文化得以发展。

　　但与此同时，图书馆文化也面临着网络文化带来的挑战和竞争，网络文化是一把双刃剑，不可避免地会产生负面影响。不同的文化需要互联网来发展和维持自己，但它也必须忍受其他不健康文化的入侵。坚定不移的互联网理想和价值观，将不可抗拒地左右观众的情绪和判断力。随着时间的推移，它将动摇该国人民的自豪感和自尊心，这对国家和民族是非常有害的。因为网络文化的发展和挑战是不可避免的。因此，需要先进的文化来占据网络的地位，引导网络文化的发展，打造自己的网络信息文化。作为一切社会资源的中心和网络文化的重要组成部分，图书馆应该是世界先进和精英文化的传播者，它还应在弘扬和传播中华文化方面发挥重要作用。充分重视网络文化资源建设，在线开展文化活动，践行网络文化立场，实现多元化的文化信息产品服务和网络服务，强调民族性、现代性、流行性和多样性，完善和满足国家不同层次的需求。

（三）公共图书馆文化

公共图书馆文化是指公共图书馆及相关机构和组织的意识形态,是公共图书馆发展过程中长期文化积淀的体现。图书馆精神是图书馆文化的基础。《联合国教科文组织公共图书馆宣言》支持公共图书馆的精神：自由、繁荣。而社会和个人的发展是人类基本价值观的体现。人类基本价值的实现有赖于提高人们行使民主权利和在社会中发挥积极作用的能力。人们对社会和民主发展的创造性参与取决于人民的良好教育以及获取知识、思想、文化和信息的自由度和开放度。

公共图书馆是教育个人和社会群体终身学习的重要渠道,也是传播教育、文化和信息的重要力量,是促进人们找到和平与精神福祉的主要资源。无论年龄、种族、性别、宗教、国籍、语言或社会地位如何,每个人都有权使用公共图书馆。馆藏和图书馆服务不得受到意识形态、政治、宗教或商业压力。

公共图书馆文化建设是一项长期的、系统的、浩大的工程,涉及图书馆建设的方方面面。需要从事图书馆事业的人,对此加以研究并在实际工作中践行,进而使我国的公共图书馆发展奠定在厚重的文化基础和浓厚的文化积淀之上。

（四）大学图书馆文化

大学图书馆文化是图书馆文化的子概念,但由于其所处的特殊场所,即高校校园,所以它也是校园文化的组成部分,这是大学图书馆文化和公共图书馆文化的不同之处。

狭义的校园文化是指相对于课堂教学而言的课外文化,或者叫非课堂文化;广义的校园文化是指以高校为载体,经过长期办学实践,通过历届师生传承和创造,历史的积淀、选择、凝练、发展而形成的精神成果,是高校的价值追求和内在灵魂。作为以学生为主体,由教学、科研人员参加的一种特定的精神文明环境和文化氛围,良好的校园文化对于陶冶人们的心灵将起到潜移默化的、持久稳定的影响,对学生的意志磨炼和人格塑造起巨大的促进作用。其要素具体包括精神文化、制度文化、物质文化、行为文化等几种形态。

校园文化的形成是这些风格相互协调融合的过程,即以物质文化为基础的有机统一。具体表现形式有：（1）硬件部分，包括校园环境、建筑、书籍、设备、俱乐部等；（2）规章制度，校训、校风、教风、学风、生活方式、精神个性、审美倾向。

一个高质量的校园文化可以通过以下几个方面来提高学生的文化素质：一是通过校园文化的影响，在不知不觉中形成一种文化意识和文化品位，并促进思想心理素质和价值观及思维方式的改变。二是良好的校园文化可以培养学生的自主学习和自我管理能力。开展学习交流会、摄影展、知识竞赛等形式多样的活动，以及符合学生特点的学习宣传活动，弥补课堂教育的不足，拓宽学生知识面，有利于大学生个性的全面发展和个性的社会化，对于提升一个人的内涵很重要。三是良好的校园文化有助于建立和谐的人际关系，帮助学生消除心理障碍，保持良好的心理健康，帮助学生实现思想政治目标、教育目标。四是积极开展校园文化活动，将德育与智育、体育、美育相结合，鼓励学生参加各种活动，不仅促进了学生文化素质的提高，又促进了学科专业的深化，相互促进，相得益彰，有助于大学生创新意识和创新能力的培养。

大学图书馆是大学的信息和文件中心。它是一个提供教学和研究的教育机构。它是大学信息和社会信息的重要基地，是大学行政水平的重要标志。融入校园文化是通过学生自身的内部机制唤醒和动员最高水平的学生，使学生能够主动采用学校的教育方法，帮助学校履行教育培训职能。大学图书馆在文化延续中的作用，会让读者在不知不觉中感受到浓郁的文化氛围。

大学图书馆

大学图书馆文化在塑造大学文化中的作用主要体现在以下几个方面：

（1）宣传的作用。大学图书馆使用自己多样化的馆藏,灵活多样的服务模式和良好的学习环境,强烈吸引学生,成为学生尽可能多地消磨空闲时间的地方,积极参与推进大学文化建设。

（2）教育的作用。大学图书馆是第二课堂,除了提供大量的书籍和文件,大学图书馆还可以组织各种类型的学术研讨会,深入提供知识整合。能满足读者的各种信息需求,使读者更好地创新和追求知识、提高文化教育素质和科研能力。

（3）社会实践作用。通过让学生参与图书馆管理可以帮助学生培养对书籍的热爱并加深他们的知识,帮助他们塑造为他人服务的理念。同时他们也可以体验工作的感觉,强化责任担当,学会处理人际关系。这就是图书馆在塑造大学文化方面的具体作用。

第二节　图书馆文化管理的内涵

图书馆文化管理的概念在图书馆建设过程中产生并得到进一步发展。每个图书馆都有自己的时间安排和不同的文化管理理念。

一、图书馆文化管理理念

（一）文化管理理念的产生

文化经营理念的概念来源于西方工业国家,20世纪80年代后成为重要的理论流派和新的管理理念,其主要内涵是强调某些价值观的表达。文化在管理理念中起着重要作用。例如,IBM前董事长小托马斯·沃森认为,相同的价值观将在推动公司未来发展方面发挥关键作用。图书馆是公共服务的社会机构,因此,图书馆应更加重视文化、思想和价值观在管理体系中的重要作用。

随着计算机网络的飞速发展和多媒体技术的不断发展,信息的收集和整理变得更加容易、快捷和人性化,这改变了整个社会。图书馆为社区成员提供了种类繁多的资源,在向社区成员提供信息的过程中,图书馆文化管理的概念诞生了。管理图书馆资源和服务系统促进传统图书馆向现代图书馆的可持续转型,让图书馆更加数字化,始终坚持文化管理理念,面向用户需求,充满人文关怀。建设一个好的图书馆,植根于图书馆文化精神。它将富有同情心的管理与建立图书馆相结合,并在图书馆工作人员的言行中体现出图书馆文化管理理念的人文性。

(二)和谐的图书馆文化管理理念

图书馆和谐文化治理的理念主要基于科学理论。和谐的概念是将社会发展的需要与自我完善的需要联系起来的关键因素,这体现在图书馆工作人员热情亲切的服务上,与图书馆工作人员真诚的服务热情,良好的图书馆环境、设备、硬件等因素相吻合,并且用工作人员的热情来唤醒读者的学习欲望。

(三)简洁的图书馆文化管理理念

图书馆管理理念发生了翻天覆地的变化,从强调物质享受到精神与物质的交流。之前的运营理念是片面的,关于图书馆的治理结构,图书馆高度重视学术管理、以人为本的管理、行为管理和其他管理方法,但其具有单向性,往往没有考虑到一些其他的因素。简洁的图书馆文化管理理念不仅取代了传统的集中管理体制,也改变了管理的重点,不过这不是落后,从某种角度来说是进步。以简洁的价值观和方法论优化图书馆管理,在简洁的图书馆文化管理理念的指导下,图书馆的管理风格乃至管理理念都得到了极大的改善和提升。

图书馆文化管理概念的简洁主要体现在图书馆管理结构的简洁上。大多数图书馆管理结构都是简单的组织结构,这样的组织架构最大的好处就是管理人员少,每个部门都需要稍微压缩一下。这种治理结构以简单的文化治理概念为主导,图书馆文化管理网络结构顺畅,权限清晰,管理人员和员工往往很友好,为更好的图书馆管理奠定了基础。

二、图书馆文化管理理念的发展趋势

(一)全程科技化

虽然现代科技水平很高,并且人们日常生活中使用的电脑比例也已经很高,但是今天一些图书馆管理并不完全了解全程的科技化。何为全程的科技化? 基本上,这意味着一旦进入图书馆,书籍被机器移走、借出和归还。这些高科技机器没有人工存取,可以更好地满足读者的阅读需求。

值得注意的是,整个机械化过程并不是完全独立的工作。相反,将员工提升到更高的管理水平,让图书馆员工能够充分了解整个图书馆的工作流程。在图书馆的文化管理理念中,不应错过"人"的元素,因为先进的技术需要技术人员,管理组织需要优秀的员工。

(二)服务的个性化

图书馆文化管理的概念包括服务因素,因此,有必要对服务进行细微的调整。文化管理理念中的服务理念是渐进的。顾名思义,服务就是为读者提供的贴身服务,是一种信息服务,因为每个读者的阅读需求是不同的。图书馆工作人员开发和改进计算机和其他机器。例如,分析用户的个性和行为,以便图书馆能够为读者提供最满意的个人服务。这种个性化的服务不只体现在为读者提取必要的资源,主动满足读者的阅读需求,也体现在科技服务上。如果读者要求保存每一次搜索或个人喜好,书籍和报纸信息将通过电子邮件或登录图书馆时发送给读者,以满足读者的个人喜好。

(三)资源的共享化

在信息时代,图书馆是最大的知识和信息集合。图书馆与各种信息服务合作,通过与各种信息服务部门合作进行协调。他们贡献了自己的专业知识,降低材料成本,还可以帮助读者获得满意的知识和信息。

与此同时,图书馆之间的协作消除了构建和收集资源的单调任务,在图书馆文化管理理念下实现资源的优化利用,充分实现资源共享。

第三节　图书馆文化管理的核心要素

图书馆哲学、图书馆价值观、图书馆道德和图书馆精神是图书馆文化的主要结构层次。图书馆文化中最受社会、政治、经济、文化影响的就是结构的基础部分,就像植物的根部吸收土壤中的养分一样,一旦去除根部,植物将缓慢生长。图书馆文化结构的基本部分是树的根,是图书馆文化的决定性因素。

一、图书馆哲学

与其他哲学一样,图书馆文化哲学是图书馆的理论性和系统性观点。图书馆的理念是全世界图书馆成员的共识,这是指导图书馆管理的基本原理。共享信息、阅读服务等活动,可以帮助员工管理人际关系。因此,图书馆的理念是通过图书馆活动(图书馆文化的最高层次)形成一个统一的理解,它支配和限制了图书馆文化内容和发展的其他趋势。这是个性化图书馆的基础,图书馆的独特风格来自图书馆的精神和中心。它是整体图书馆设计和规划的综合方法,是决定所有图书馆行为的逻辑和思想起点。

哲学与文化有着千丝万缕的联系。哲学是对人类各种文化思想的普遍性、法则性、系统性进行概括,并探寻其原生结构及其演变。因此,也被称为"文化哲学",即哲学本身具有文化属性。哲学是一种高层次的文化形式,是关于世界观和方法论的科学。它以其特有的理性思维,回答人们关于"世界是什么""人是否可以认识世界以及如何认识世界""我们的'存在'和我们的'存在状况'是怎样的"等人生价值问题,并成为人们修身的依据和安身立命的精神家园。

马克思指出:真正的哲学都是自己时代精神的精华。我们知道,追求知识是人的天性。人们不满意他们的感官所获得的关于世界的经验知识,他们不仅必须知道世界上所有事物的外观,还要知道隐藏在世界上一切事物中的秘密;不仅要知道世界是什么,而且要知道为什么。哲学是由求知的欲望驱动的,人们根据事物的起源、本质、常识或绝对和终极的形而上学,对引起兴趣的事物进行思考和探索。它是建立在通过抽象概念和逻辑思维对个人具体事物或个人具体世界的感知。发现世界上所有事物的一般规则,这种哲学世界观和基本方法是各种哲学认知活动的形式化概括。

所以说,哲学是世界观和方法论的理论体系,是一种社会意识形态,它同政治、法律、道德、艺术、宗教等思想观点一起构成一定的社会普遍存在体系。同时哲学作为各种具体科学知识的概括和总结,又同其他各种具体知识一起,构成人类的知识体系,即哲学是万学之学。

一切物质的存在和发展都必须服从抽象的规律,所有应用学科都必须坚持抽象的哲学原则。马克思提到的时代精神是特定时代内容的重要代表。时代的内容是多元化的,哲学总结、概括、提升了构成时代内容的一切科学文化知识。它应该涵盖整个时代,反映时间的本质,从而体现时代精神的本质。哲学是一种理论的、系统的世界观,它是整个社会思想体系下全人类乃至整个人类文化文明的精神世界,并且有控制一切的精神的作用。人的精神世界不是在人脑中白手起家的,但它是在人与外界交往的过程中,通过内部活动逐渐发生的。精神世界形成后,其作为与外界的人际关系活动中预先存在的内在准备状态,并限制人与世界关系的发展。

哲学的世界观、方法论的作用就在于,它能对外部世界提出很多问题,这些问题可以扩展我们对所有可能性的概念。尤其是在哲学冥想中可以通过哲学的方式将其融入被称为至善的宇宙,即哲学作为指导、指挥系统和特定的理论选择,可以开启人的思维模式,有序地组织精神世界的因素,促进某些程序和方法的协调,在参与精神同化和创造活动中发挥主观作用。

图书馆哲学是图书馆文化的最高境界。它是对图书馆现象的哲学思考的产物,它是人们对图书馆现象的深刻理解、感知和诠释。图书馆哲学的功能价值在于运用图书馆智慧作为图书馆运营的指导方针,图书馆哲学以敏锐而理性的视角来获取对图书馆实践的见解和观点。运用关于图书馆实践的哲学判断来构建图书馆实践及其与生活实践和社会实践的关系,并利用他们的智慧实际参与图书馆行动,参与图书馆哲学影响其他内容的发展方向。不同的图书馆也会有不同的图书馆理念。

图书馆哲学的研究对象包括:

(1)图书馆规律。包括图书馆现象的社会本质及功能、图书馆现象的内在运行机制及其矛盾关系。

（2）图书馆认识规律。包括图书馆认识方法、图书馆学理论研究与图书馆实践发展之间的辩证关系,图书馆理论与实践的继承、发展与创新、变革的矛盾运动。

（3）图书馆指导规律。即研究指导图书馆实践的各种辩证法问题等。

从哲学的角度看,人类环境虽然复杂多变,但归根结底只有两种现象:物质的和精神的。人类活动与两种现象共处,图书馆的文化活动也是如此。哲学支配着图书馆文化的实践,即解决思想与存在的冲突,精神和物质不断推动着人们前进并解决冲突。

总之,图书馆必须着眼于培养图书馆人的哲学思想,以转变观念和思维方式,正确处理图书馆中馆员与馆员、馆员与读者、读者与服务等之间的关系,统一全体员工的思想,以马克思主义哲学为指导,树立正确的世界观和方法论,确立具有特色的新观念,如新物质观、新价值观、新道德观、新知识观、新信息观、新系统观、新创新观、新效益观等,以构成新世纪图书馆哲学的基本思想,促进图书馆文化建设。

二、图书馆价值观

图书馆充满了文化内容,但无论内容多么庞大,它都会是核心。图书馆文化的核心是图书馆的价值,图书馆的价值是图书馆哲学体系的本质,是其文化优势的本质。图书馆的信念和方向反映了图书馆在工作和生活中应该遵循的原则和理想,图书馆职业行为与道德规范将图书馆的价值观融入思想、道德和行动之中,是图书馆价值观工作的必然结果。

价值观是社会成员评价行为和事物的标准,从各种可能的目的地中选择一定的期望目标。它是参照人的一般观点和物质对象的意义和重要性的概念来谈论对事物价值的看法和想法,以及对具体事物的总体评价。价值观反映在人们的行为取向上,对事物的评价和态度是世界观的核心,是驱动人们行为的内在动力。它控制和规范一切社会行为,包括社会生活的方方面面。图书馆的价值观与其读者有关,也与图书馆的性质、功能、工作、构成、标准和评价等方面有关,图书馆价值观的体现指满足读者或社区本身的需求,以及图书馆如何满足读者或社区的需求。在满足读者或社会的需求方面,探索和领会图书馆的精神现象以及图书馆服务对读者、政府和社会的重要性,往往以信念、理想和抱负的形式表现出来,当图书馆工作人员的普遍看法和对图书馆存在的重要性的普遍看法通常一致时,就会出现一个概念,图书馆员工所采用的总体理念,通过长期积累,形成一定的价值观,为图书馆员工所共有,是支撑员工精神的核心价值观。适当引导图书馆工作人员对精神价值的追求,工作人员会将图书馆视为旨在实现其人生目标的持续过程。

图书馆价值观受到图书馆哲学的影响,不同的图书馆理念不可避免地导致不同的图书馆价值。传统图书馆以馆藏为导向的图书馆哲学定义了促进文献馆藏的整个价值体系,而现代图书馆以人为本的理念,形成一切有利于人的自觉性发挥为标准的评价体系。这些不同的评分系统的行为、规则和规定也不相同。首先,重点是文献的收集和文献保存文化的作用;其次,是强调通过文化手段利用文献和信息,体现馆员的关怀和教育功能。

图书馆的价值不是与生俱来的,而是随着图书馆的发展而逐渐被采纳的。图书馆的价值观取决于图书馆中的个人价值观。家庭和学校等群体在决定个人价值方面发挥着重要作用。另外,社会环境对个人价值观的形成也有重要影响。个人价值逐渐增长是知识增长和生活经验积累的结果,当个人价值观确定时,便会相对稳定。与此同时,一些不易改变的价值观和行为也在浮现。因此,图书馆的价值观在一定程度上受到社会普世价值观的影响。但对于不同的社会和群体来说,人员往来和环境变化不断地改变着一个社会或群体的价值观。传统价值观经常受到新价值观的挑战,并且因为价值观冲突的普遍趋势,旧的价值观逐渐消失,价值观的改变成为社会改革的前提和社会改革的必然结果。

三、图书馆精神

精神是动力,是不妥协的核心。作为专业的社会、文化和教育机构,图书馆已经存在了数千年。图书馆的创建和发展有其深厚的根源和内在机制,通过图书馆机械而复杂的工作,我们发现有一种无形的力量支撑着它,这就是图书馆的精神。图书馆精神也称为图书馆的职业精神。

图书馆精神是推动图书馆向前发展的动力。[1]

---

[1]　焦青.图书馆文化建设研究[M].北京:中国商务出版社,2019.

图书馆精神从内涵或内容上可分为两类：一是人文精神,包括忠诚、民族精神等。第二种是科学精神。与创业、创新等一样,个人精神是图书馆界所理解的一种文化现象。图书馆的科学精神是维护科学真理和技术理论,并支持使用先进的技术方法来提高图书馆效率。科学精神是尊重图书馆职业的基本原则和求真求实的本质。在实践中,我们可以对图书馆保持科学的态度,用科学的方法、知识塑造科学的服务管理。

图书馆的人文精神意味着图书馆在理论和实践上体现以人为本的思想,以满足人民的需求。认识到人的价值,为人的发展而努力,体现人的关怀,营造优美和谐的图书馆环境。其中,奉献是一种与人文精神密切相关的文化内涵。图书馆需要准备好为读者提供服务,特别是对弱势群体服务,还要帮助与图书馆相关的捐赠活动。人文主义精神也是对图书馆实践影响最深远的精神之一,是中国优良传统的延续。

图书馆因类型、藏书特色、功能、管理风格和员工状况的不同,必然会形成自己独特的图书馆精神。这种独特的图书馆精神包含着图书馆对远大目标的追求,图书馆和馆员强烈的命运共同体意识。

四、图书馆道德

道德是指衡量一个人的行为是否适当的思想标准。社会通常有一个社会接受的行为准则。道德是有层次的,依次为滞后于现实的落后的道德、符合现实的一般道德,和超越现实、与先进文化同步的高尚道德。道德评价标准有善有恶、公平和偏见、诚实和虚伪、正义和不公等,这是舆论所支持的。传统的习惯和信仰,包括道德原则、伦理道德和道德活动等。

图书馆的行为准则是一种控制人们行为的自律方式。决定图书馆与社会关系的是行为规范的集合。这包括限制图书馆管理和社会行为的所有规范制度、法律、行政、社会规范、道德、职业道德。约束和规范的其他方面与图书馆道德有关,特别是政治道德(即所有图书馆活动必须按照政策或法律制度的要求进行)、公平公正(参照信息服务市场的竞争规则,在不损害竞争者利益的基础上,公平即利益最大化)、行为准则(即不破坏公共环境,违反公共社会秩序)、自我伦理(指图书馆员自身不违背传统、职业或一般行为准则的品质、思想)等图书馆道德是图书馆文化的基础。使用道德权威来控制图书馆行为对于帮助图书馆提高竞争力是非常宝贵的,这种特殊的意识形态和行为规范是通过图书馆信息服务实现的。

第四节　图书馆制度文化与精神文化管理研究

一、图书馆制度文化管理建设

图书馆系统代表了图书馆和图书馆员的一般行为准则。营造一种激励高校图书馆员积极向上、主动敬业的文化氛围,以凝聚馆员的力量、实现高校图书馆目标为基本手段,它既是高校图书馆的价值观、道德规范、经营哲学的反映,也是高校图书馆管理科学化的体现。它影响着所有图书馆员和读者的道德、灵感和毅力,使人们在良好的制度文化下逐渐养成了心理和行为意识。众所周知,一个好的系统可以提高图书馆的服务水平和管理效率,提高图书馆的可服务性和功能性。内部管理制度及其所包含的规范、规则等管理制度的实施,比其他图书馆更为成功,并在创新优化过程中不断提高规范化管理制度的绩效。

当今,人们的道德文化水平和自律境界需要一定的制度管理环境。图书馆必须以读者为中心,图书馆员的所有活动都必须面向读者的需求。要实现这一目标,除了图书馆文化和精神指导之外,还需要图书馆员的行为导航系统,将系统与图书馆和个人图书馆员的整体服务流程相结合,能够在强大的社会道德和伦理体系的约束下从事自己的职业,建立自己的言行标准,以便捷的理念管理服务,提供范围广泛的灵活服务。这些必须由适当的系统来保证,在没有标准化的管理体系时,图书馆就不可能实施发展战略。总的来说,以人为本很重要。图书馆应遵循以读者为中心的原则,改革和建立适应时代需要和读者需求的相关制度。

职业资格制度,也称职业资格准入制度,是指"根据职业资格标准或者国家认可的考核评价机构制定的国家或行业特定的资格条件,客观评价从业资格水平或职工职业资格公平、科学、规范的考核评价。为符合条件的个人提供统一的资格证书,已经成为劳动者进入该领域的一种制度。"换句话说,职业资格制度是人们对谁有资格参加的协议。某些行业的专业活动代表了实践的"证书",目前在我国,获得证书的职业是会计师、护士、律师、土木工程师等。图书馆职业资格制度是指"按照国家或图书馆协会制定的职业资格标准和资格要求,由政府主管机构认可的评估机构,对图书馆员的资格水平和成熟度进行评估,并对通过考试的人员颁发相应的证书"。

现代高校图书馆的职业使命可以大致分为三类:科学使命、人文使命和民主使命。其具体内容包括以下几方面:

(1)科学使命。图书馆专业的科学使命是图书馆专业在科学发展道路上的作用和地位。包括现代大学图书馆继承传统大学图书馆保存文献和科学知识、支持现代科技研究和交流学术资源、开展终身教育。

(2)人文使命。大学图书馆专业的人文使命是确保每个人在任何时候都有权在人类知识的海洋中自由行动。

(3)民主使命。这一使命在西方学术图书馆界尤为明显。这一使命是自由主义影响下的图书馆学界新的历史使命,它要求图书馆行业采用开放阅读方法,方便读者开展阅读活动。

遵守图书馆的专业职责,必须有图书馆认证制度。现代图书馆管理是"以人为本","以人为本"应注重图书馆员和专业图书馆机构的职业生涯规划。可以帮助馆员提高员工素质,提高社会地位,为行业增添一份尊严感和职业精神,鼓励图书馆员更好地履行图书馆行业的职责。

建立图书馆从业资格制度应注意以下几点:

(1)体现"以人为本"的管理理念。政府资助建设大学图书馆的目的是满足人们日益增长的信息需求。改善专业准入条件,可以保证图书馆员的基本素质、竞争意识,激励他们不断学习和提高自己的素质。

(2)体现图书馆法治理念。作为专业图书馆,应该遵守相关法律法规,保护本职业的权益,遵守相关法律义务。

(3)体现图书馆职业民主、平等和历史责任等。高校图书馆职业资格制度的建立,证明了在高校图书馆的专业岗位面前,人人平等,每个人都有机会成为大学图书馆员。防止公众对大学图书馆产生误解,引入图书馆行业竞争机制,提高图书馆员的核心竞争力和吸引力。

图书馆专业资格和职业道德是图书馆行业系统的一个组成部分。这是大学图书馆的中心系统,它是有关法治概念的集合。这使大学图书馆员可以控制自己,保护读者的合法权益。保存存储在大学图书馆中的读者信息。尊重知识产权,提倡商业化和专业化,团结读者,提供优质的大学信息服务,推广文化管理理念,以促进一个良好的图书馆系统的形成。

二、精神文化塑造与建设

(一)图书馆价值观塑造

现代社会复杂多变的因素导致人们往往不再持有某些人生目标、价值观和意义。快节奏的生活让人很难建立固定的价值观,许多人对生命的意义失去了信心。然而,人们需要相对稳定的价值观念支撑,需要在变动不定的世界寻求到一个安定的精神家园。

人类核心价值观是个人创造的价值体系,引导核心价值观,激励人们寻求有形的利益。人是相互关联的概念,一个人与一个国家的关系,一个国家与民众的关系,一个人与宇宙的关系,都是互相关联的。因此,人类的概念和基本价值观都是以个体为中心、以国家为中心、以人类学为中心。这在现代文明的发展中更加明显,并导致一些不良后果:从人与自己的关系来看,这是由于经济利益过度需求的刺激和无限制剥削的鼓励所致,越来越多的人被欲望所抓住;在人际关系方面,这是因为作为物质商品的社会资源非常有限,人变得贪婪,人与人之间对权力和利益的争夺愈演愈烈;从与各国的国际关系来看,每个国家都正在建设强大的国防和庞大的军队,以保护公民的自由、权利和利益,为了保护和发展自己的利益,不择手段,甚至诉诸武力,导致强弱的不平等;从人与自然的关系来看,人类正在不断地开发自然资源,视世界为取之不尽的宝藏,掠夺土地,破坏生态平衡,人类赖以生存的世界生态系统正濒临崩溃。

事实表明,如果人们不努力克服自己价值观的缺点,就会在自己的荣耀中消亡。因此,今天的人们需要反思和批评他们所设定的价值观。通过这种反思和批评,人们可以克服当前价值观的不足,使之完美和理性。

价值观影响的不仅仅是人类行为,它还影响群体和组织范围内的行为。在相同的客观条件下,具有不同的价值观的人会产生不同的态度和行为。在组织中,有些人重视工作中的成功,有的人看重金钱的回报,有的人看重地位和权力。这些不同的行为是不同价值观的结果,导致每个人在组织中扮演不同的角色。在相同的规章制度下,价值观相反的两个人在执行系统时会表现出完全相反的方式。

因此,在高校图书馆文化的形成过程中,不少图书馆非常重视提升图书馆的价值。他们认为价值观的主要作用远高于技术、系统和组织结构的作用。明确大学图书馆的附加值和认可度是大学图书馆的中心任务。

大学图书馆的价值观涵盖了广泛的问题:能力、财富、时间、质量、服务、声誉、审美、兴趣、文明……所以每个大学图书馆都定义了自己的价值观,就像人们定义核心价值体系一样。图书馆还需要一个核心价值体系来配置图书馆。大学图书馆的核心价值观是大学图书馆员的事业和理想。目标和原则是大学图书馆专业的基石和主要使命。图书馆管理层人员需帮助大学图书馆员克服危机,形成职业信念,为图书馆员判断其思想和行为提供标准。大学图书馆公司拥有共同的价值观,因此,组织成员可以共享相同的意识形态并明确他们努力的方向和目的。

1. 图书馆核心价值的确定原则

恒定性原则。核心价值是必须相对恒定的基值。随着时间的推移和环境的变化,大学图书馆行业的一些价值都会发生变化和演变。但是核心价值观应该是相对稳定的。大学图书馆核心价值观的一个核心组成部分是大学图书馆专业。

独特性原则。图书馆的核心价值观是图书馆行业特定价值观的内涵。大学图书馆的服务在社会上是独一无二的,是其他机构无法替代的。

统摄性原则。图书馆的价值体系是图书馆顶端的几个价值观。这些价值观在价值和精神价值方面被规范化,并且可以相互定义、支持和协助,每个价值在不同系统中的地位和作用应成为其他价值观的组成部分。

理想性原则。图书馆的主要价值是价值观,这是图书馆员的普遍职业理想。它需要通过对历史和现实的抽象来改进,因此,它必须是一种超越现实的理想。这种理想状态导致了理论思维与实践之间的差距,两者之间的差距是实践理想的动力。

2. 图书馆的核心价值观

美国学术图书馆协会前主席戈尔曼认为,数字时代高校图书馆的核心价值在于读者可以平等地获取信息、保护读者隐私、民主、多样性、教育和终身学习、保护知识自由、公共财产、保护资源,保持图书管理员的专业性与社会责任感。

3. 图书馆价值观的塑造

价值观是图书馆和推动图书馆工作方式的所有工作人员共同的集体意识,是图书馆文化系统的核心。加强图书馆的凝聚力和竞争力,是图书馆实践的道德准则和指南。价值观在通过精神文化管理人类文化的心理机制方面发挥着重要作用,由此产生的社会和精神振动也很大。价值体系在社会文化中的中心地位,主要体现在它作为社会行为模式的作用。

(1)确定科学价值。高校图书馆无论是在起步阶段还是处于成熟期,在价值的设定和调整上也存在一些不确定的问题。高校图书馆应具有科学价值,根据自身特点、类型、社会功能进行纠正和发展,实现服务的目标和目的等。还要兼顾员工的心理弹性,保持适度的高级个性,不同的图书馆可以有不同的价值观。

(2)支持和传播价值观。在图书馆,员工根据价值观可以分为四类:忠诚度高的员工;具有创新精神的员工;具有"颠覆性反抗"的员工;以及公开敌视图书馆的员工。这四种标准库应该使用不同的渗透方法,对于高度忠诚的员工大学图书馆的价值观是指导和规范他们行为的稳定因素。因此,他应该成为大学图书馆的榜样,应该鼓励所有图书馆工作人员从他们的价值观中学习。对于一些具有创新精神的员工,要想让他们从心理上接受、认同并内化那些非核心价值观,绝不能采用简单的灌输法,只能通过不断地宣传,利用正在进行的图书馆活动进行忠诚度的宣传。坚持大学图书馆的意识形态,将使他们能够接受大学图书馆的非核心价值观,也可以在一定程度上同时保持创新意识。对于具有"颠覆性反抗"的员工,他们不愿意接受大学图书馆的核心价值观,是因为他们不信任大学图书馆。应该通过宣传高校图书馆事业的成就引导他们的价值取向,使他们愿意接受高校图书馆的核心价值观。对于强烈反对大学图书馆的员工,需要通过具体而明确的行动来改变他们原有的价值观。大学图书馆可以组织各种文化和体育活动来弘扬大学图书馆的价值观,而不是拥抱所有的价值观,这意味着他们拒绝任何表达的理论,只有在具体的活动中才能加深他们对价值观的认识和印象。

（二）图书馆精神培育

图书馆精神是图书馆文化的精神和支柱。图书馆精神可以与图书馆所有领域的图书馆发展目标保持一致。

图书馆精神应该用简洁、感染力强、催人奋进的文字表达出来。图书馆管理者主动进行反复筛选和概述，宣传过程的任务是广泛传播图书馆精神，以便工作人员能够理解、感知这一想法并采取行动。图书馆的精神取决于图书馆的价值，这是图书馆价值观的体现。它能够将抽象的价值观解读为具体的信念，可以加强图书馆的中心性和统一性，凝聚图书馆各方面的力量，实现中心工作的宗旨，起到重要的引导和激励作用。图书馆精神可以指导图书馆工作人员的具体行为，以便他们就实际的服务任务达成共识，提高服务读者的效果和效率。这种引导和规范作用不仅是通过规章制度等严格的管理手段来实现的，也可以通过团队氛围来实现。因此，图书馆应通过多种形式和活动来传播、弘扬和支持图书馆精神，并通过领导力示范来鼓励和引导图书馆工作人员的精神实践。

深化阶段的任务是将高校图书馆精神人格化、具体化，并转化为员工的个体意识。图书馆精神的引导和规范作用具有深刻的情感色彩，它约束着人们的行为。人们对符合图书馆精神的良好行为表示支持和赞扬，对违反图书馆精神的不良行为表示反对。这项工作的质量取决于图书馆是否具有努力和团结的精神，这是图书馆工作人员保持相同信念和目标的黏合剂。沟通全体工作人员的想法，营造协作氛围，带领图书馆内的各种力量朝着同一个方向发展，让图书馆成为一个整体。进步的力量最终会点燃图书馆的精神，所以在这个阶段弘扬和维护图书馆精神将不再是工作人员的被动行为和应对，这是员工的热情和自觉的行为。

（三）图书馆道德建设

1.实现员工行为与图书馆所表达的价值观和图书馆精神的统一

图书馆必须坚持高道德标准，这是有意识的图书馆工作人员在制定图书馆道德标准、行为准则和图书馆政策时的行为，同时在一定程度上也可以成为员工的无意识行为。

人性化的图书馆阅览室

2. 遵守图书馆职业行为准则

图书馆行为准则中最重要的部分是图书馆行为准则。许多研究人员将图书馆道德等同于图书馆的职业道德。图书馆的职业守则是一套规范，规范图书馆与其工作人员、读者和社会之间的关系，包括专业责任、专业使命、专业意识、专业纪律、专业奖项等，创造和发展贯穿于图书馆活动的整个发展过程，通过舆论和教育对图书馆工作人员心理和意识产生影响。它是意识形态层面的，不是以书面形式提供的，这可以使大学图书馆工作人员能够验证他们的信仰等，并建立限制大学图书馆及其工作人员行为的原则和规范，提高图书馆规章制度的效率，从而提高系统的管理水平。

3. 提升图书馆工作人员职业道德状况和水平

图书馆工作人员的职业道德状况和水平直接关系到图书馆工作人员为社会提供的服务质量和水平。《中国图书馆职业行为守则》（实验运营）抓住了以下独特的文化现象：中国图书馆界尚未国际化发展，专业意识不强，实践中普遍存在的现象是没有真正的"读者至上""服务至上"；合作精神不强，导致信息失衡，从而进一步导致相关的人力物力损失；对伦理的理解还仅限于表面；没有商业和专业精神。然而，图书馆工作人员已经将法治理念作为自我约束，例如保护读者的合法权益。

4. 保护读者信息，尊重知识产权

图书馆的道德建设在保护图书馆读者信息和"逐步"尊重时代知识产权方面发挥了突出作用。在多年的实践中，图书馆具有一定的职业道德、文献维护以及人文关怀。不少图书馆采取了多项行之有效的措施，如管理者反复强调和宣讲，通过不同的方式，将服务语言和服务礼仪融入到每个图书管理成员的道德意识之中。只有图书馆员自觉遵守图书馆制定的准则和标准，才能真正树立图书馆的行为和价值观，促进图书馆的进一步发展。

第四章

现代图书馆人力资源管理研究

人力资源管理超越了传统的狭隘"人事"管理,将个人视为资源。根据组织内部个人的知识结构和能力结构,根据科学技术的变化,合理组织和分配。改变人才结构,促进人才与其他生产要素的最佳组合,促进组织和个人的全面发展。针对信息时代和未来图书馆发展的挑战,加强智能规划、开发、维护和人力资源的利用是一个值得研究的课题。

第一节　人力资源与人力资源管理

一、人力资源

（一）人力资源的概念

人力资源的概念主要包括下列五个要点：

第一，人力资源是社会上所有劳动力的总称，包括已经参加工作的劳动者和达到劳动年龄但尚未参加工作的人口。

第二，人力资源包括所有参与体力劳动与脑力劳动的人口，是创造社会财富的人口总称。

第三，人力资源是指人体内的生产能力，包括潜在的劳动生产力和现实的劳动生产力。

第四，为社会创造物质财富、精神财富，提供服务的劳动力都称之为人力资源。

第五，人力资源具有国籍和地理属性。

以上表述均体现了相关领域"人力资源"的含义。传统意义上的人力资源是物质劳动的数量和质量及其随时间推移和在某些领域的潜力的总和。将来、现在和未来的工人将被包括在时间序列中。根据地理界限，劳动人口可分为特定国家、地区、行业或组织的劳动人口。人力资源的概念至少被理解为工人的体力、智力、知识、经验和技能。

（二）人力资源的特征

劳动者是历史的创造者和推动者，也是社会物质财富和精神财富的创造者和所有者，是最主动、最积极、最活跃、最有能动性的人力资源。自然资源的开发和利用有助于国民经济的发展和社会变革。作为一种特殊类型的经济资源，人力资源不仅具有质量、数量、时间和空间的属性，还有自然的生理特性。

1. 自有性

人力资源属于人本身，与人是不可分割的。尽管在招聘时，雇主会阶段性地使用人力资源。但工人对于自己的时间仍然拥有最高级别的所有权。这是将其与其他资源区分开来的基本特征。

2. 再生性

经济资源分为两大类：可再生资源和不可再生资源。不可再生资源一般为矿藏，每一次开发利用，总量就会减少；森林等可再生资源在开发利用后仍能保持资源总量不变。只要保持必要的条件，人力资源的可再生性是通过人口和劳动力中个体的不断更替、更新和再生来实现的。当然，人力资源的可重复性取决于对一般生物规律的遵守、人类意识的支配和人类活动的影响。

3. 生物性

人力资源将身体视为自然载体，它是一种生物资源，与人类的自然生理特性和遗传密切相关。一般而言，体力劳动者需要更高的生理健康水平和更强的体力要求；而脑力劳动者则需要更丰富的知识积累和智力、经验。此外，人力资源生物性还表现在个人和社会角度的人力资源的再生性。这一特点决定了在人力资源使用过程中需要考虑工作环境、工伤风险、时间弹性等非经济或货币因素。

身体是人力资源的自然载体，它是一种与人类自然生理和遗传特性密切相关的生物资源。一般来说，劳动密集型岗位的工人对物质人力资源的要求更高；从事高科技和智能职业的员工需要更高的智力、情感和经验。此外，人力资源的生物性还体现在人力资源从个体和社会角度的可再现性上。这一特点表明使用人力资源时必须考虑非经济或财务因素，如工作环境、使用人力资源时的工作事故风险和时间灵活性。

4. 能动性

人力资源的能动性，是指人的体能与智能结合在一起所具有的主观能动性，这种能动性具有不断开发和提高的潜能。人力资源的能动性可以从以下四个方面来理解。

（1）有意识性。知道活动的目的，可以有效地对自己的活动做出抉择，处理自身与环境之间的关系。

（2）人在活动中处于主体地位，是支配其他一切资源的主导因素。

（3）人具有自我开发性。在生产过程中，人是对自身的消耗，但更重要的是在劳动中通过自身行为的合理化，使自己的劳动能得到补偿、更新和发展。这是其他资源所没有的特征。

（4）在生产过程中的可激励性。即通过对人的工作能力的提高和工作动机的激励来提高工作效率。

5. 时效性

人力资源的形成、开发、分配、使用和培养与人的生命周期密切相关。首先，人的生命是一个积累人力资源的过程。但是，由于员工的类型和层次不同，开发和使用仅代表一个人生命的某一阶段。社会科学者和技术人才的最佳生命阶段将有所不同，每个人的最佳时期并不总是一致的。而且，人力资源作为一种劳动的能力存在于劳动者体内，只有在其发挥作用、创造财富时才能显露出来。如果是体力型的人力资源，不能使用不仅会造成浪费还要消耗其他资源来维持它。如果是智力型的人力资源，如果不开发和投入使用不仅会导致浪费，其本身也可能失去价值。另外，人们在一天中的不同时间看起来也不都是一样的，所以我们需要理性地使用它们，以最大限度地发挥一个人在不同年龄段的潜力。有效的管理可以随着时间的推移最大限度地利用人力资源，而管理不善则导致人力资源的浪费和流失。即使是同一个人，在不同管理机制与不同激励措施下，其提供劳动与创造的价值也可能有巨大的差别。

6. 持续性

物质资源经过人们反复开发之后，会形成一个相对稳定的产品。物质资源转化成相对稳定的产品，这是一个完整的生产过程。人力资源与物质资源不同，除了上述生产和再生产的生物学意义外，人力资源保持可持续发展。资源的利用不仅仅是一个发展过程，也是训练、收集、改进和构建的过程，是一个发展过程，可以为特定的人"多次发展"，直到生命结束。更准确地说，直到职业生涯结束。人事管理是这种资源不断进一步发展的行为。

7. 资本性

人力资源具有资本性，可以投资并得到回报。人力资源与物质资本的根本区别在于，人具有主观能动性，而物质是被动的。人力资本是一种活的资本，是劳动者能力和价值的资本化，有自己的意识、需要、权利和感情,可以能动地进行自我投资、自主择业和主动创业。一句话,人力资本可以自我增值、自我利用。

8. 创造性

将人力资源与其他资源区分开来的最重要特征是人力资源是"有意识的",并且是知识的传递者。凭借他的智力活动,具有巨大的创造潜力。不仅提高了生活的人和物质的生产,而且不断提高了人的能力。这种创造性的人力资源性质要求科学创新机构的制度化管理,从社会的角度调动人们的积极性,有效地配置资源。从公司的角度来看,需要适当的激励来提高人员部署的效率。从每个人的角度来看,只有加大智力投入,选择最适合自己的职业,才能最大限度地提高人力资本投资的回报。同时,人类的知识可以传播和深化。将之前所学的知识带入生产活动,使得人力资源更有使用价值。

9. 双重性

人力资源既是生产者又是消费者,这是人力资源的两个特征。这要求我们不仅要注意人口控制,还要重视人力资源开发和人才培养,充分利用和开发现有的人力资源。

二、人力资源管理

(一)人力资源管理的概念

从人力资源管理理论发展的历程来看,"人力资源管理"的概念可以总结为以下三类:

第一类是"人力资源管理"的概念,由彼得·德鲁克、巴克等人提出,他们认为人力资源管理是最广泛意义上的一般管理职能。人力资源管理的这一定义基于管理"人本主义"的哲学,将每个员工视为宝贵的资源,而不是组织最小化的成本。人类学家的观点表明,人力资源管理使用一系列管理行动来确保有效的人力资源管理。其目标是实现个人、企业和社会的利益。

第二类是关于"人力资源管理",表明"人力资源管理"是人事管理的一个新名称。这个概念的假设基础是当前的管理实践和活动是最好的和最可接受的。它可以用来有效地领导人们,并且这些管理方法可以不断改进。因此,人力资源管理是对人事的管理,它包含广泛的概念和技术,必须掌握这些概念和技术才能完成人或人事方面的任务。

第三类以斯托瑞等人为代表,他们在 20 世纪 80 年代后期提出了"员工至上"学说,倡导以人为本和多元化。斯托瑞和其他人认为,总的来说,人力资源管理是一种旨在绕过贸易的复杂管理方法。他们认为人力资源管理是证明管理者合法性的另一种方式,而不是用作工具或方法。

综上可以理解,人力资源管理是在一定环境下,通过计划、组织、协调、激励等管理功能,协调组织中人、事、物之间的关系,探索人类的全部潜力以激发人类创造一系列针对个人愿望和商业目标的活动。

人力资源管理必须实现以下四个目标:人与事的匹配,要求做到事得其人,人尽其才;促进人与人之间的协调,达到诚信与和谐;一起工作并强调团队合作与工作之间的联系,需要有组织的权力和责任;要发挥整体优势,人的需求与工作报酬尽量达到一致,要求实现酬适其需,人尽其力,讲求最大贡献。

(二)人力资源管理的特征

1. 综合性

人力资源管理是一门非常复杂和综合的科学。这需要充分考虑经济因素、文化因素、组织因素、心理因素、生理因素、民族因素、地理因素等,包括经济、科学、人类学、心理学、技能科学等。

2. 实践性

在过去的几十年里,人力资源管理已经成为一门科学。它是现代大规模生产的产物。人力资源管理理论诞生于发达国家,而我国的人力资源管理理论相关研究还不成熟。因此,我们应该从实际出发,学习发达国家的研究、开发和人力资源管理的成果。

3. 发展性

人类对物质定律的理解往往受到许多主客观条件的限制,不能急于求成、一蹴而就,而需要一个长期的过程。因此,所有学科都是开放的并且正在发展认知系统。人力资源管理理论可以概括为三个发展阶段。

古代的人事管理思想——包括中国古代人力资源管理的思想,里面有很多亮眼的东西。至于旧的西方人力资源管理概念,大多数都是基于量化管理,缺乏系统性。

科学管理思想——以泰勒、法约尔和韦伯为代表,以"经济人"为前提,以效率为目标,对待人就像对待物一样,管理的重点是数量的协调,以及科学化和组织化。

现代管理思想——将科学管理与行为科学相结合。根据"以人为中心"的"人类社会"的假设,有意识地对人力资源进行定量和定性的管理,逐步走向质量管理(如概念管理)是必不可少的。

4. 民族性

人们的思想感情都受民族文化传统的限制。因此,人力资源的开发和管理具有民族特色。

美国和日本都是资本主义国家,但是,两国在人才培养和管理上存在很大差异。美国是个性化的资本主义制度,美国人遵守条约是一个普遍的原则,因此引入了自由就业制度,这是个人之间高度竞争的工作系统。在日本并非如此,而是家庭资本主义,崇尚尊老、强调内在统一的儒家传统对儒家文化产生了重大影响,对家族大企业忠诚是日本的行为准则。

第二节 图书馆人力资源管理的内涵

一、图书馆人力资源管理概念

人力资源管理的概念有两种解释:宏观层面和微观层面。宏观层面的人力资源管理主要是指各种方法的运用。一个国家或地区充分发挥其人力资源的潜力是十分重要的。提高劳动力素质,优化劳动力结构,完善人员组织管理,使劳动力和生产方式处于最佳状态。微观层面人力资源是管理人员为特定用人组织选择员工、培训、雇用和留住员工所需的概念和技术的集合。主要包括工作分析、人员、选拔内容、分配、培训、工作考核、报酬以及社会环境等。

图书馆人力资源管理也有两种观点。从广义上讲,管理图书馆的人力资源就是管理图书馆员。狭义的图书馆人事管理是指从人事管理发展而来的人力资源管理,包括招聘、聘用、培训和绩效管理。图书馆人力资源管理的重点应放在人力资源的获取和使用上。

二、图书馆人力资源管理的重要性和必要性

（一）图书馆人力资源管理的重要性

1.人力资源开发与管理是图书馆生存与发展的生命线

图书馆的生存和发展取决于自身的资源。大多数这些资源由三个主要部分组成：人力资源、物质资源(建筑物、设备、数据等)、财务资源(例如资金)。人力资源是使用和控制其他两种资源的第一种资源。美国图书馆界有一种说法,在图书馆服务的角色中,图书馆占 5%,信息资源占 20%,图书馆员占 75%。

2.图书馆现有的人事管理已经不适合未来发展的需要

长期以来,我国图书馆主要任务的核心是馆藏创建和文献安全活动,即在保存和整理藏书的基础上,为读者提供各种服务,组织结构和材料,规范相对独立的"收、存、借、阅"机构,集中收集、自成一体、分散式的文献信息开展工作。人力资源管理的二次发展,即人力资源管理的经典层面,现阶段劳动人力资源管理以"工作"为核心,以人为本,聚焦"领导",强调工作纪律,提高服务态度和员工素质,而服务模式创新和服务质量提升并没有系统地加以考虑,对员工的进一步培训和教育将被忽视。这种管理方式阻碍了人的主动性,不利于提高工作质量和工作效率。

21 世纪的图书管理员不再是经典的簿记员,相反,他们是信息专业人员,其职责侧重于数据的开发和使用,以及教育和培训用户处理文献和信息。未来图书馆工作的重心将转向针对性服务,不可避免地要根据针对性服务的需要提供不同的服务,图书馆员工作中的知识水平和主动性决定了服务的质量。显然,现有的人力资源和人事管理系统已不再适合 21 世纪图书馆的发展,必须完全更换为新的人力资源系统。这种管理着眼于"人",寻找"人"与"工作"之间的联系,将"人"的发展与图书馆的自然发展联系起来。

（二）图书馆人力资源管理的必要性

1. 人力资源管理是图书馆留住人才的有效手段

作为一个非营利组织，图书馆最初不能与其他社会组织相提并论。首先，一些图书馆业务范围小、服务手段落后、社会声誉不佳，影响了工作人员的形象。其次，在传统图书馆人员管理中，人没有被视为重要资源，人才闲置、压抑的现象更为严重。最后，图书馆行业普遍不重视人才培养，员工的知识老化，跟不上时代的要求。图书馆员作为知识和智慧的传递者，已成为图书馆存在和发展的主要因素。一个好的图书馆员已经成为图书馆最重要的资源，应支持员工根据个人兴趣、发展机会和要求选择合适的工作，设计合适的职业发展路径，为员工提供帮助，以实现他们的职业目标。

2. 人力资源管理是图书馆提高办馆效益的关键所在

改革开放以来，图书馆信息资源和图书馆人力资源合理组合，我国图书馆事业取得了长足的进步。图书馆的位置和设施逐渐改善，市、县都有图书馆，政府对图书馆的投资每年都在增加，逐步引进先进技术，现代化设施建设都有不同程度的推进。但是，一些图书馆的利用率仍然很低，而人为因素和人力资源的使用过少是主要原因之一。

图书馆的采访、编目、信息咨询等业务的学术性、技术性、专业性较强，一般都由受过高等教育的专业技术人员即专业图书馆员来担任。总的来说，图书馆员在专业方面有很高的标准。图书馆管理者应充分关注他们的需求，并尽力满足他们的个性化需求。

现任图书馆员在图书馆的发展计划中扮演着贡献者的角色，是网络资源提供者和知识创造者。图书馆管理者应有意识地为图书馆员提出建议并创造各种机会，使其能够通过继续教育、职业培训、内部培训等进一步发展，并具备在图书馆工作所需的知识和技能，成为一流的信息工作者。[1]

---

① 刘贵勤.图书馆人力资源管理 [M].合肥：安徽大学出版社，2008.

一位图书管理员在学校图书馆用她的笔记本工作

第三节　图书馆人力资源的甄选与聘用

一、图书馆员工的甄选

员工的甄选,是指从一组求职者中挑选最适合某一特定工作职位的人员的过程。绝大多数管理者认为:员工的甄选是最困难、也是最重要的决策之一。有关调查表明,甄选活动的平均成功率只有1/3,可见员工甄选工作意义的重大。

（一）初步接待

求职者与招聘工作人员通过直接接触,彼此形成初步印象,开始进行双向选择。若双方有进一步考虑的意愿,求职者可领取申请就职表,招聘者通过简单问题的提问尽快排除明显不合格的求职者。

（二）填写申请表

求职申请表是由求职者填写,反映求职者基本状况和求职意向等相关情况的标准化的图表。求职申请表是招聘人员最快、最准确地获得与候选人有关资料的最好方法,其所提供的信息一般包括教育、工作经历、技能、爱好等。

（三）审查申请材料和推荐材料

求职者大多有着明确的求职目标,可通过申请材料和推荐材料或亲自与求职者交谈等方式了解求职者的愿望及过往有着怎样的职业经历。了解这些信息,是为了预测求职者是否能胜任这份工作,坚持做下去的概率有多少。

（四）测试

对求职者进行知识、技能、心理素质方面的测试,安排合适的试题,通过求职者的表现去评估其适应工作的能力,借以考察应聘者的知识结构、从业素质、推理能力、创新能力等方面的情况。

笔试要求应聘者以撰写文章或者填写答卷的形式,表达对某些问题的看法。

面试是挑选员工的重要手段。一项调查表明,英国有 90% 的公司倾向于用面试法搜集求职者的信息。面试较笔试更能直接地测验应聘者多方面的能力,有更直观的印象。面试内容包括应聘者的仪容仪表、人生观、社会观、职业观、人格成熟程度(情绪稳定性、心理健康等)、个人修养、求职动机、工作经验、相关的专业知识、语言表达能力、应变能力及决策能力、自我认识能力及协调指导能力、社交能力、分析判断能力、团队意识、责任心等。

体检主要是确定求职者的一般健康状况,确定求职者是否有慢性病或岗位所不允许的生理缺陷。

发放录用通知。对决定录用的求职者发出正式录取通知,对不予录用的求职者也发函致歉。

二、图书馆员工的聘用

（一）员工使用的内容和程序

1. 员工使用的内容

新员工的岗位安置。将新招聘的员工安置到预先设定的岗位上,使新员工开始为图书馆工作,即任职。

老员工的职务升降。通过人事考核,对工作绩效优异者晋升职务,让他们担任更高的领导职务或承担更关键的岗位工作,以便更好地发挥他们的潜能;对能力不足、无法胜任其岗位要求者,降职使用,以免妨碍组织任务的完成。

余缺员工的调配。根据实际需要,调剂各岗位员工的余缺,将员工从原来的岗位上调离,赋予新的岗位。

2. 员工使用的程序

确认员工的上岗资格。在员工上岗前,首先应该确认员工的上岗资格。对员工的能力进行评价,了解培训工作是否达到了履行岗位职责的要求。如果员工已经具备了上岗资格(即取得了图书馆专业的职业资格证书、具备了相关学历或技能),则由图书馆安排其上岗。

分派员工上岗。对于经过资格认证的员工,由图书馆按照他们各自具备的能力与招聘培训的目的把他们分派到图书馆的各个部门或各个岗位,员工必须按规定时间上岗,进入工作状态。

考察并评估员工的工作绩效。员工开始工作时,图书馆管理者便开始对员工的工作状态进行监督、考察,从中获取信息,作为对员工评价的依据,并进行工作绩效评估。

进行员工调整。根据员工绩效评估的结果,图书馆管理者进行相应的人事决策,或向图书馆的主管部门或主管领导提出建议,进行员工调整。

(二)员工聘用的原则

1. 知事识人原则

知事的意思是,在招聘员工之前,需要了解各个职位的内容和角色以及对员工素质和技能的要求。识人意味着尽可能多地了解图书馆的员工,了解员工的各个方面,甚至家庭背景和社会关系。基于知事和识人的基础使用员工,可以减少错误并提高招聘准确性。

2. 兴趣引导原则

兴趣是一个人的心理倾向,其中人的表现与事业成功密切相关。当你做你喜欢做的事时,工作可以给人们带来满足感、幸福感和生产力。

反之,工作将会成为人们的负担。因此,图书馆用户应关注员工的利益和需求,尽最大努力支持他们从事自己感兴趣的工作。需要注意的是,可以组织不是每个人都喜欢的活动,如自习室上夜班。相当周到的照顾或其他有利条件,可以补偿牺牲个人利益的员工。

3. 因事择人原则

因事择人是指以职位空缺和实际工作要求为出发点,以岗位要求为标准,选聘各类人员。它可以保证组织的效率,防止人员泛滥、人浮于事的现象发生。设定职位级别时,除了考虑职位的操作内容,还需要考虑技能、员工态度、级别等其他因素。

4. 任人唯贤原则

任人唯贤是要求用人要出于公心,以事业为重,真正把德才兼备的员工放在重要位置上。只有坚持任人唯贤原则,才能有高素质的员工服务,才能保证符合图书馆的各种功能。根据道德原则,"贤"字有两方面:一是要德贤;二是要才贤。德才兼备,不可忽视。司马光说过:"才者德之资也,德者才之帅也。"才是德的基础,德是才的方向,道德促进人才的发展。

5. 用人所长原则

由于先天生理差异和后天训练程度的不同,因此,每个人的素质和技能是不同的。图书馆应注意员工素质和能力的差异,把他们安排在相应的岗位上,以充分发挥他们的特长。

天赋比学历更重要。学历只是证明能力的工具,在面对工作时,每个人都是不一样的,有着不同的态度与素质。所以,在招聘中必须综合分析,做出全面而深刻的评价。

6. 试用—稳定原则

认识人是一个非常复杂的过程。白居易的诗云:"试玉要烧三日满,辨才需待七年期。"实现人与事的最佳结合也需要一个调整的过程,不可能最初的方案就是最好的方案。因此,始终需要试用期来验证员工是否能够胜任。在试用期后应该保持一定的稳定性,不应该鲁莽地重新定位。否则,员工将无法尽其所能地高效地为图书馆工作。

7. 严爱相济原则

员工加入到新岗位需要图书馆领导和用人部门给予较多的关爱，比如：生活上要帮助员工尽可能地解决困难，提供更多便利条件；工作上，要指导员工取得进步；同时在法律上保证员工享受应有的权利。另外，图书馆管理者要定期对员工进行考核，看员工是否达到规定的工作目标和绩效。考核可从能力的提高、工作成绩、行为模式等方面进行。

第四节　图书馆人力资源的考核与激励

一、图书馆人力资源的考核

（一）考核概述

图书馆人力资源的考核，其实就是对员工作出客观、公正的评价。所谓评价是指在一段时间内衡量和评价员工的工作活动和绩效与组织期望的一致性的过程。评估强调组织及其员工既是发起者又是参与者，通过组织及其员工的共同努力，才有可能实现组织期望与实际绩效的统一。

图书馆里的书

1. 工作态度

态度是建立在一个相对恒定的、重合的内在心理行为倾向的设定上的,它是一个特定的对象,是图书馆员对符合图书馆价值观和具体工作知识的个人情感和行为的偏爱。不同的工作环境会影响图书馆员的行为,并直接导致图书馆员工作方式的差异。图书馆员在图书馆工作中非常积极主动,并且能够有意识地处理任何问题。职业道德评估消除了图书馆员特定行为的内部和外部差异,注重尊重工作中的个人感受,对于工作中每个馆员的个人感受的心态十分重视。这直接影响到馆员所有行动的执行。

2. 工作行为

工作是任务的集合,任务被分解为特定的行为。这是建立在合理有效的工作分析的基础上,也是与以职务为核心的组织结构相适应的。如果职位分析的描述过于宽泛(其实很多职位分析都是根据职责和职位描述的层次来划分的),评估的工作就是让这些行为的描述更加具体易懂,然后比较实际行为与工作行为。评估侧重于图书管理员的具体行为,重点是图书管理员做了什么。

3. 工作结果

图书馆员的工作对图书馆预期目标的实现有着巨大的影响。图书馆员通过适当行为的服务状态对工作做出一定贡献,反映了图书馆员在工作或图书馆员价值观中的水准的体现。这种反映体现在几个客观指标上,如岗位数量、工作质量、员工流失率、出勤率和事故率,具体指标因工作类型而异,实际上反映了图书馆员的表现。

在实际评估中,根据具体工作情况确定三者的权重。如果其中一项被忽略,评估就可能会无效。只关注行为而忽视结果绝对是错误的,同时不能忽视图书馆员在职业道德和行为方面的努力。

(二)考核的内容

1. 德

美德是精神境界的综合体现。道德品质和对理想的追求,也是知识经济时代图书馆员应具备的素质之一。道德决定了一个人行为的方向——你为什么这样做,行为的强度——你付出的努力程度,行为的类型——实现目标意味着什么。美德的标准不是抽象的和一成不变的,不同的时代、行业和层次有不同的道德标准。

2. 能

能是指人类的能力和品质,即理解和改变世界的能力。当然,技能是不稳定和孤立的。因此,能力考核应在质量考核的基础上,结合具体馆员在实际工作中的表现进行考核。包括智力技能、思维技能、表达技能、研究技能、组织指挥技能、协调技能、决策技能等。不同岗位应有自己的侧重点,在考核过程中应区别对待。

3. 勤

勤,顾名思义,指的是图书馆员工作过程中是否足够勤快、热情,态度足够认真、负责。可见,勤指的是对工作的态度。

出勤率的评估不仅需要定量测量,也要有一个定性的评价:以饱满的热情积极认真地投入到工作中。

4. 绩

绩是指图书馆员的工作,包括所做工作的数量、质量和经济效益。不同角色和职责的人都关注绩效评估,这也是图书馆事业评估的核心。

(三)考核的标准

1. 考核标准的分类

制定考核标准时,要针对不同岗位的实际情况,对不同职位制定不同的评估参数,而且尽量将评估标准量化、细化。考核标准有以下三类:

(1)绝对标准。绝对标准的实质是人与工作的比较,是以出勤率、事故率、文化程度等客观现实为依据。

(2)相对标准。相对标准的本质是个体之间的比较。因此,每一个个体都不仅仅是比较的对象,也是比较的参考点。相对评价标准的缺点是:不可比性因素太多,容易违背评价的本质,背离日常工作的特点,忽视工作标准,容易改变"个人"考核的主体,"转向"抽象的人,偏离考核。

(3)客观标准。客观标准是评价人在评价员工绩效时,作为每项评价项目的基准而确定的等级。为使考核内容更清晰、结果更公平,应采用更全面的标准和客观标准。同时,对员工必须公布并采用考核标准,并且应该避免黑盒操作。考核中的奖惩制度不仅适用于员工,也适用于高管。当然,评价经理的标准和评价员工的一般标准是有区别的。

2.考核标准的特点

国外管理专家把考核指标的设计规范归纳为一个英文单词:"SMART"。

S(Specific)是指考核指标设计应当细化到具体内容,即切中团队主导绩效目标,且随着情况变化而变化。

M(Measurable)是指考核指标应当设计成员工可以通过劳动运作起来的、结果可以量化的指标。

A(Attainable)是指考核指标应当设计成员工可以通过努力实现的、在时限之内做得到的目标。

R(Realistic)是指考核指标应当设计成能观察、可证明、现实的确存在的目标。

T(Time—bound)是指考核指标应当是有时间限制的、关注到效率的指标。

"SMART"表明了设计员工考核指标的基本原则。

(四)考核的作用

1.考核是人员任用的前提

考核是"识人"最重要的方法,"识人"是"善任"的前提,评价道德素质、智力素质、知识素质、图书馆员的专业素质,兼顾馆员的技能和专长,然后分析并根据职位定位。

2.考核是人员调配的基础

通过评估了解员工敬业度和员工协作水平。如果你发现某人的素质和技能对目前的职位来说太突出了,你可以提高他们的职位。如果发现其他人的素质和技能不符合当前职位的要求,他们应该被降职。如果事实证明有些人仍然没有反应或质量和技能不能随着程度的变化而变化,可以横向调配。

3.考核是人员培训的依据

图书管理员的培训应该有针对性。培训的前提是正确认识各类人员的素质和能力,通过考核确定馆员的素质和存在的问题,并进行培训需求分析。评估是检测培训效果的主要方法。当管理人员和培训师分析培训需求时,他们应该将员工评估的结果作为图书馆员培训需求的基础。

4.考核是确定劳动报酬的标准

图书馆的内部工资核算必须遵守工资和报告之间的一致性原则。而精确衡量"工作"的数量和质量,是实行按绩效分配的前提。只有将公司绩效与奖励紧密联系起来,才能让馆员感到公平。

5.考核是激励员工的手段

考核确定了推动进步的奖惩目标和等级,使奖惩明晰可辨,有助于提高馆员的积极性,实现企业目标。基于生产力和劳动力的付款作为考核的基础,提高、降低或拒绝成绩旨在作为对图书馆员的初步评估。同时,辅以具体的考核规则,目标应科学合理。评估还有助于图书馆建立学习型组织,从而提高图书馆员的效率和竞争力。

6.考核是促进员工成长的工具

工作考核是客观的评价工具,通过馆员与馆员之间的绩效比较,对评估结果优异者,是一种鼓舞,对绩效不佳者是一种鞭策。把评估结果反馈给馆员,可以让馆员发现自身的缺陷和不足。

(五)图书馆员考核的方法与实施

考核的关键就是运用各种方法收集每位员工的工作态度、工作行为、工作结果等方面的信息,并将其转化为员工工作的评价。

1.考核的方法

(1)工作行为评估法

工作标准法。将图书馆员的工作与图书馆设定的工作标准进行比较,以确定图书馆员的表现。这种方法的优点是参考标准明确,缺点是缺乏量化和可衡量的指标,这使得制定劳工标准变得困难。

对偶比较法。双重比较法是指根据一定的实践标准,将每个馆员与其他馆员成对比较,以评估谁"更好",并记录每个馆员是否被认为"更好"。

民意测验法。民意调查法将评价内容分为若干项,制作评价表,然后将评价表分发给特定的人群。可以先让评估员报告自己的工作并进行自我评估,计算每个评估员的平均分数以确定评估员的工作水平。这种方法一般用作辅助和参考方法。

关键事件法。关键事件是指那些对部门工作产生重大积极或消极影响的行为。使用这种类型的评估方法,负责评估的管理者在工作完成时记录代表特定绩效的图书馆员的行为,并生成书面报告。这个方法的优点是结论不易受主观因素的影响,缺点是底层工作量大。

业绩评估法。根据工作分析,将被评估者的工作内容划分为相互独立的考核项目,对不同的项目制定明确的评价标准。这种方法的优点是评估的内容全面,缺点是受个人因素影响较大。由于评估者的差异,这可能导致对具有相似绩效的评估者的评估存在巨大差异。

(2)工作结果评估法

适用于工作结果评估的考核方法目前主要有目标管理评价法。

第一步:图书馆的分管领导、馆领导和馆员共同讨论最近一段时间内需要实现的工作目标。

第二步:在图书馆员工作期间,图书馆主管和馆员将工作目标进行调整,使其符合实际情况。

第三步:在工作日结束时,负责考评的管理者和该馆员共同讨论目标实现程度及成功或失败的原因。

第四步:主管领导和馆员联合制定下一个评价期的工作目标和绩效目标。

目标管理法的优点:考核者的作用从判断者转为顾问和促进者,员工从被动的评估者转变为主动的参与者。员工主动地参与了整个评估过程,这无疑会增加员工的满意度和自信心,并可以积极参与工作。这通常有利于工作目标和绩效目标的实现。不仅对图书馆员的个人发展有益,也促进了图书馆员工的发展和现有员工的素质提高。

目标管理法的缺点:首先,因为设定和调整目标需要很长时间,所以比较耗时。其次,这种评价技术不便在馆员之间和各个工作部门之间建立起统一的工作目标,更不便对馆员和各个工作部门的工作绩效进行横向比较。

2. 考核的实施

为了使评估工作顺利进行,需要提前规划。评估目标必须明确,然后根据评估要求选择评估的主题、内容和时间。

评估的目标不同。评估目标不同,则评价的侧重点也不一样。技术岗位考核时,考核专业技术人员的专业技术水平,考核的目的和内容各不相同。对成绩易于变化的工作,如参考咨询人次、流通量等,可按月或按季进行考核;而对一般较为稳定的员工的思想品德,考核次数可少一些,一年一次即可。

考核是一件复杂而系统的工作,需要长期跟踪收集信息资料,并对数据做必要的加工、归纳。

一般来说,对图书馆而言,进行考核的人员包括被评估者的上级、同事、下级、馆员本人、读者和考核小组。对评估者的选择取决于考核的目的和标准,应该根据不同的需要选择适当的评价信息来源、选择合适的评估者。

评级系统的最后一个关键步骤是对评估结果的反馈。以员工的工作结果为指导,有效地改进评估结果。图书馆员应要求部门负责人在绩效谈话期间向图书馆员报告评估结果。所谓绩效对话,是指部门负责人与下属进行讨论的考核结果。面谈期间,部门负责人应向员工提供绩效反馈,帮助他们发现问题并阐明图书馆将推动专业改进,为员工提供良好沟通和了解其工作的机会。

除了对图书馆工作人员的评价结果外,反馈还用于促进图书馆员进步,鼓励馆员回顾进步。它也用于图书馆员的教育和培训,这意味着评估结果应该为图书馆员进行培训作参考。而以教育培训为基础的继续教育是提高图书馆员工作效率的有效措施,因此图书馆应改变以往的指导方针,即优先考虑图书馆员的需求,根据工作类型和图书馆员的需求提供有针对性的培训。

二、图书馆员的激励

(一)激励概述

"激励"一词在《辞海》中的解释是"激发使振作";在英语中,Motivation 来源于拉丁文 Movere,具有"使劲"的意思。激励本属心理学的范畴。它是个体与环境相互作用产生的结果。在管理学中,激励就是通过满足人的需要激发人的工作积极性的过程。

人力资源管理的四个基本目标是获取、保留、激励和人力资源开发,激励是核心。因此,国内外各种组织的负责人和管理人员,无论是过去还是现在,都使用各种激励方法来提高士气、促进团结,完成组织的使命,实现组织的最高目标。

（二）激励管理的基础和前提

一个人的工作动机必须基于他们多样化的需求和对满足的渴望。根据马斯洛的理论,图书馆管理者在考虑图书馆员的职业发展时,需要着眼于满足高层次的社会需求。因此,在使用激励管理时,需要了解员工的需求并给予激励。

1. 调查员工的共同需求

必须被尊重。每个人都希望被同事尊重,我们如何才能获得重用和尊重？依靠自身过硬的技能。从图书馆的角度来看,这种技能是当一个人的知识、技能和能力与图书馆的要求相符时,解决工作场所实际问题所需的知识和能力。正如一个"无用的英雄",是需要自信和成就感的。

需要一个学习环境。如果图书馆只是一个机械工作场所而不是一个学习型组织,图书馆不仅不会留住人才,而且会阻碍图书馆的发展。要营造适合图书馆员持续发展的空间环境,培养图书馆员的积极性和阅读氛围,使图书馆的运作充满活力。

需要良好的环境。图书馆的工作环境主要由馆内环境和社会环境组成。每个人都希望工作环境愉快、文明、轻松、和谐,在工作中放松身心。当然,松散的社会环境并不是松散的。当每个人都感到懒惰时,没有压力,没有一丝危机感,他们将失去热情和独创性。

2. 了解馆员的不同需求

对知识的追求。大多数图书馆员迫切需要提高和扩展他们的知识,并渴望有机会学习、培训和发展。

不同文化、背景的追求。不同背景和文化水平的人有不同的目标:经济健康的人渴望更高水平的成长和健康的环境,经济相对较弱的人更容易接受物质奖励。在传统文化背景下长大的人为健康的环境而奋斗,而有西方文化背景的人对成就感相对关注度更高。文化水平较低的人则希望接受高等教育,而那些受过高等教育和其他学科学习的人则希望尽快掌握图书馆的文化、规章制度等馆情知识和技能。

图书馆良好的环境

关注不同年龄段。每个图书管理员的心理状态和需求是不同的,每个图书馆员在不同年龄段的心理状况和需求也都不同。不同年龄的人,有不同的职业,刚开始工作的年轻人在工作和教育中感觉更强大、更积极。经过一段时间的工作,获得了一些专业技能和工作经验,也希望能引起图书馆领导的注意和同事的尊重。

（三）激励的方式

1. 目标激励

目标激励是设定正确的目标,激发人们的动机和行为并达到调动人们积极性的目的。管理心理学中的目标设定理论认为,"实现目标是一种强大的动力,完成工作的最直接动力是提高积极性水平的重要过程"。用目标管理调动馆员积极性,这是一个很好的方法。首先,为目标设定一个标准。心理学认为,虽然目标很有价值,但只有能够满足人们需求的目标才能建立直接行动的机制,人们会选择那个目标并为那个目标而奋斗。目标越接近需求它的价值也随之增加,而且越能调动他的积极性。其次,是掌握目标的难度。美国心理学家弗隆认为:动力 = 目标能

力 × 期望值。动机的本质是好的。目标越高,期望越高,产生的热情就越大。但只有当它满足真正的期望时,人们才能够有效地接受和激发积极性,从而再次设置目标。长期目标可以在很长一段时间内履行职责,并给予人们导向,但实现的过程更长,也更困难。只有坚持长期目标才能提高图书馆员的积极性。人们经常看到的是短期目标,与人们当前的利益直接相关。因此,有必要将远近目标结合起来,以调动馆员的积极性。个人目标是图书馆员的个人目标,图书馆经理必须了解员工的个人需求和发展需求,并提供一个展示个人能力的舞台。图书馆领导者还可以指导员工的职业发展,让他们参与推动实现职业规划,实现个人目标和集体目标的统一。热情的效果越大,动力就越强。在设定和执行目标时图书馆领导者要及时引导,两者兼顾,把任务完成与需求满足相结合,最后设计目标考核标准。目标结束做出现实的评估很重要。制定奖励和惩罚的标准,使图书馆工作人员感到目标已经实现,并有动力朝着新的目标迈进。

2. 政策激励

使用基于政策的方法来提高员工的积极性会对思维和行为产生巨大影响。首先,要用好思想政治工作,提高馆员的"意识",强化他们的理想、信念、职业精神和无私奉献,是保持馆员积极性的关键。其次,促进分配制度(即物质激励)。许多图书馆分发系统过去都是类似的,导致工作人员不是很积极。合同制度对员工积极性起到了促进作用,尤其是中层管理人员。最终,员工的技能和热情得到提高。要取代传统的片面择业,采用双边择业和灵活性原则,将管理转变为行为管理,利用行为激励激发员工积极性。

3. 情感激励

相关专家的测试结果表明,薪水、奖金、职称等只能调动 60% 的积极性,剩下的 40% 靠的是情感动力。管理的"南风"法则也是众所周知的,也被称为"热度法则"。法国作家拉封丹曾说:北风与南风比强,看看谁能脱行人斗篷,首先是北风,吹来一阵冷风,行人裹紧大衣抵御寒风;南风徐徐吹,风在阳光下吹,行人在春天感受上半身的温暖。在图书馆激励管理中采用"南风"原则,需要领导者通过尊重激发被领导者的内在动机、同理心、理解、信任和尊重,朝着"以人为本"的思维发展。关注员工的个性和品格,激发个人责任感,员工的工作热情需要"温暖"。

4. 培训激励

有上进心的人希望不断加强、改进和最大化他们的工作潜力,图书馆通过培训可以满足图书馆员的个性化需求并取得成功。鼓励图书馆员获取新知识和新技能,将个人目标与业务目标相结合,为个人目标而奋斗。通过参加培训,图书馆员会觉得培训是图书馆员工作和生活的重要组成部分。只要训练就能取得新的成果,学员会获得强烈的自我价值感和自我意识。图书馆工作人员将图书馆视为他们的主要生活空间,训练有素的图书馆员也可以通过提高技术技能获得更高的回报。

5. 工作丰富化激励

建立一个自然的工作小组,让每一位馆员都能在愉快友好的氛围中工作。这种自然的工作小组不是为了解散和重组现有的部门,而是在部门之外形成各种正式的非正式的小组(和团队),完成或讨论工作。

发展与读者的关系,即让图书馆员尽可能多地与读者互动,以了解读者的工作,用自己的技巧引导读者使用参考书目等。

实行任务合并,让从事简单工作的馆员工作得到扩展。例如,让电子阅览室负责值班的馆员同时负责指导读者利用数据库的工作,而不应将之分散成阅览室和参考部两个部门的任务。

允许图书馆员独立工作。图书馆员在工作中应该有更多的决策权,以充分利用他们的主观能动性。例如,与其让他人决定做什么,不如鼓励图书馆员采取主动,提出项目、计划,完成工作。

6. 环境激励

环境的好坏,直接影响人工作的热情和积极性。领导者可采取多方面的灵活创收方式,增加收入,提高生活水平,使员工专心本职工作。一方面,可以增加现代化设备,改善图书馆员的工作环境。这不仅能减少员工的重复工作量,还有助于利用人才库和提高生产力。另一方面,致力于为员工营造良好的人际交往氛围。虽然这种氛围是无形的,但是群体中的每个人都可以亲身体验,它可以营造一种相互信任和支持的氛围。理解与沟通、内隐的理解与合作、鼓励与和解、团结与合作,是一种激励、积极的竞争机制,在这样的竞争环境和机制下,责任和权利是紧密相连的,当然个人必须履行对组织的义务,同时,个人权利和需求可以得到广泛的保护、维护和尊重。

第五节　图书馆人力资源的培训与开发

一、图书馆人力资源培训

（一）图书馆人力资源培训意义

培训的本质是学习。通过教育培训,每位员工都可以被"充电",以开发自身的潜能,提高工作效率。最广泛意义上的训练,如广义的培训,即高级的杠杆培训,代表与图书馆发展的战略目标和目标相关的培训。它使用引导式设计过程来确保有效的培训,并将图书馆培训计划与其他图书计划相结合。这种做法有助于创造一个促进持续学习的环境。狭义的培训是指专门分配时间、金钱、人力和财力的具体活动,确保完成提高图书馆员素质和技能的教育工作,即旨在提高图书馆员素质的专门培训。具有特定业务目标和内容的图书馆员工培训涵盖多样性、科学性和重点。

从这个意义上说,培训是人力资源开发的一种重要形式,因此图书馆组织需要培养人才。培训必须按照目标和计划进行,以及使用各种方法为图书馆员提供进一步教育,目的是不断提高知识、发展技能,并改善图书馆员的动机、态度和行为,使馆员能够适应新的需求,更有资格胜任当前的工作或更高的职位,可以接管图书馆的工作并提高图书管理的工作效率,组织改进和实现目标,其目的是通过实现现有人力资源的潜力,充分利用可用的人力资源。

从宏观经济角度看,教育是人力资本投资的重要形式。20世纪,世界发生了重大的科技创新,学科交叉、相互融合使科技产生新的飞跃。人口众多、新增劳动力的就业压力大是我国的基本国情,只有通过教育和培训,才能将人口压力转化为巨大的人力资源效益。

从中级角度来看,教育是支持图书馆可持续发展的有效机制。由于规划系统的长期影响,这使得现有图书馆工作人员在教育结构方面与信息社会不相容。年龄结构、员工关系、学习任务和图书馆的适应性成为可持续发展的重要保障机制。培训通过引入社会知识和信息,影响新思想,保证馆员思想信息的新颖性。

从微观上看,培训是一种有效的沟通和激励手段。除了在图书馆工作以谋生之外,图书馆员还需要意识到自我成长和自尊。图书馆员通过培训,可以获得新的知识和技能。这使他们能够在网络环境中执行烦琐且具有挑战性的任务,意识到自我成长和自尊,最终实现物质和精神上的满足。

（二）图书馆人力资源培训内容

1. 知识培训、技能培训、态度培训

知识培训。受过培训的图书馆员具备运作和了解图书馆组织的基本情况(如发展战略、目标、时事)所需的基本知识。

技能培训。目的是让图书馆员具备完成工作所需的技能,例如操作技能,处理人际关系等方面的技能,以及保持和开发图书馆员的潜力。

态度培训。这种培训建立了图书馆组织和馆员之间的相互信任,提高了图书馆员的精神状态和职业道德以及组织理念和团队观念。

2. 导向培训、在职在岗培训、在职脱产培训

导向培训。又称新馆员培训,旨在为新入职的馆员和不熟悉图书馆内外情况的馆员提供指导,使他们了解新的工作环境、条件、人际关系、规章制度和发展目标。新图书馆员教育的深刻意义在于培养馆员对图书馆的归属感,这包括意识形态、情感和思想等。

在职在岗培训。是指聘请有经验的馆员、管理人员或专职教师直接对馆员进行的培训,如计算机基本操作、网络基础知识、数据库管理、网络环境下的信息搜集与处理、网络信息的利用、专业外语等方面的培训。

在职脱产培训。是指将图书馆员送到大学或国外进行深造等。如今,这种培训方式在大型组织中得到广泛应用。

3. 各层次、各职能的培训

各级培训。不同层次的培训涉及图书馆员在不同业务和管理层面(上、中、下)和职能部门的培训,也称为垂直培训。高级经理组织中的图书馆经理应该具有广泛的专业经验和出色的技能,他们应该定期接受培训,帮助高管提高和完善他们的专业技能,不断提高他们的知识水平。中层管理人员和普通管理人员以及组织的部门负责人(主任)往往

在组织的整体利益和助理馆员的利益之间会产生一定的冲突和矛盾,他们担任了管理和中层管理职位,因此必须接受培训,以便尽快掌握必要的领导技能和工作方法。技术人员和专业人员的培训意味着对图书馆工作人员的培训,此类培训对象有自己的业务领域,掌握自己的技术知识和技能。

各职能培训。各职能培训也称为横向培训课程,是指针对各个机构的培训课程。在经营管理方面,培训的目的是让图书馆工作人员明确各部门的专业、工作流程及各部门的职权范围;对同一职能部门相同专业的不同馆员分别提出不同的专业技能要求,以适应不同职务、不同岗位的需要。

4. 学历教育培训

根据工作需要和专业发展需要,图书馆应鼓励图书馆员进行高水平的学术培训。例如,馆员欲在图书馆获得硕士学位或博士学位,图书馆尽量为他们提供稍微好一点的学习环境和条件。

5. 科研能力培训

现代图书馆的骨干必须具备学术研究能力和创新理念,能够指导学术人员进行学术研究并为其提供服务。提高图书馆服务水平,图书馆可以选拔一些业务骨干参与、主持科研课题,拓宽业务骨干的科研视野,提高其科研能力。

6. 个性化培训

对于崭露头角的图书管理员,图书馆应提供适当的培训并帮助他们获得实际解决问题的技能,包括人际关系管理沟通技巧和个人培训。

7. 综合培训

安排各种讲座,比如选择合适的培训教材、开设课程等,图书馆还可以根据不同时代工作的需要,选择业务骨干外出参观学习。拓展馆员视野的同时,也可邀请专业人士举办讲座、学术会议等,满足不同层次馆员的需求。

（三）图书馆人力资源培训工作应遵循的原则

1. 培训计划的前瞻性

主要的培训计划，将贯穿所有培训活动，并反映在与教育活动的所有链接中。教育计划应在为图书馆的需要和目标设定的时间范围内实施教育的指导思想、目标和核心措施。

在制订培训计划时一定要慎重，不仅要做好当今急需的培训计划，同时也要符合图书馆发展的需要和图书馆员个人发展目标的实现，特别是通过长期规划，确保图书馆的教育工作系统地开展。

2. 培训目标的明确性

培训目标是教育的预期成果，即获得的综合技能。图书馆员必需具备专业领导技能和技术操作技能。因此，有必要进行分析和评估图书馆员的"教育需求"，了解图书馆员的性质和工作环境的性质。根据专业能力要求，制定明确的教育目标和教育评价指标体系。

3. 培训内容的实用性

培训材料不仅对目前的工作效益有帮助，也要注重个人发展以及未来的图书馆服务发展，教育内容必须实用。这不仅是因为知识和技能是由图书馆工作人员增强和改进，也是对知识和专业知识的扩展，更多的是知识和相关性的统一，并改进应用程序和创新选择，不要选择看起来很重要但不是真正有用或影响很小且没有针对性的内容，同时在内容选择上要注重发展图书馆员培训的潜在开拓性。

4. 培训手段与培训方式的多样性

现代媒体和信息技术网络改变了培训手段和培训方式。因此，有必要根据知识、技能、认知能力和心理的性质以及图书馆专业人员的需求，采用多种教学方法和教学手段。积极变革，由课堂板书式培训转变为多媒体教学培训，满足图书馆员的培训要求。

5. 培训时间的紧凑性和灵活性

随着图书馆改革的深入，提高图书馆工作人员的工作效率的要求，使工作与培训之间的矛盾更加清晰。因此，时间安排要紧凑，根据图书馆员知识和专业技能比较完备、自我效能感和思维能力水平较高的特点,安排全日制培训课程和短期强化课程的特定辅导。标准时间要求可用于评估个人技能和专业资格,并且个人可以根据自己的职业和生活时间的长短来选择学习的期限。这可以缓解工作和学习之间的冲突,可以完成工作和培训,两者目标都可以达成。

6. 培训教学管理的严格性

严格的教学管理是实现教育目标、保证教育质量的重要措施,准确评价是客观评价教育工作者接受和掌握培训材料程度的重要途径。包括检查教师培训的选拔措施和计划的适当性,两者都是必不可少的,必须按照规定的要求对所有过程进行严格控制。

7. 育人用人的一致性

人才培养是一项系统工程,培训工作必须从解决图书馆系统问题入手。它始于图书馆的长期利益,将人员、工作系统和教育系统结合在一起,进行全面管理,使图书馆能够提供优质的服务。馆员的兴趣与组织的目标挂钩,能提高馆员对培训的认识。实行培训、使用、考核与待遇等育人、用人一体化制度岗位资格证书制度,能增强馆员培训的动力,为馆员能力的提高提供制度保证,实现图书馆培训的最终目的。

(四)建立图书馆人力资源培训机制的措施

在缺乏图书馆培训理念和培训体系保障的情况下,图书馆培训则不能提供一系列的人力资源培训计划,会使培训流于形式,图书馆有限的培训经费也就不能用到实处,培训质量得不到保障。因此,要尽快建立图书馆人力资源培训机制。

1. 树立"以人为本"的培训理念

"以人为本"的培训理念是人力资源培训的宗旨。

所谓"个人职位匹配",也称职业能力,描述的是一个人从事某一职业的能力与该职业的能力之间的相互作用。图书馆应提高图书馆员个人的技能,使他们的才能朝着有利于图书馆目标的方向发展。

2. 倡导"平等培训"的图书馆培训文化

"以人为本"的培训理念首先是必须有平等的概念。尊重所有图书馆员,为各级图书馆员制订一致的职业发展计划,并提供平等的培训机会。平等人才培训理念是图书馆管理"以人为本"的理念,它是图书馆管理理念的重要组成部分,也是保护图书馆容量的最重要因素。

3.制定合理的培训规划

首先,根据图书馆未来的发展目标和图书馆人力和财力的特点,确定图书馆员的培训和职业规划。其次,是尽快制订一个统一的、合理的培训管理计划,提高馆员队伍素质。

4.建立可行的培训制度

建立教育体系作为员工教育的保障。图书馆应该尝试组织教育系统,包括教育服务系统、目标教育制度、教育激励制度、教育考核制度和培训奖惩制度。

图书馆工作人员培训的成功取决于教育系统的指导方针和标准,并且教育系统的内容必须满足图书馆的总体发展目标。可以在《图书馆法》的范围内考虑建立培训制度。

二、图书馆人力资源开发

(一)图书馆人力资源开发概述

1.图书馆人力资源开发的概念

广义的人力资源开发,通常是指以国家为主体的宏观层面的人力资源开发,与正规教育相关,即开发人的知识、技能、经营管理水平和价值观念,并使其潜能不断获得发展和得到最充分发挥的过程。

狭义的人力资源开发通常是指以组织为主体的微观层面的人才开发。指组织提供学习机会和活动计划进行的工作类型,以培养员工技能和提高工作效率为目标。

图书馆人员的发展从狭义上讲是人力资源的发展。运用现代管理原则和方法对图书馆工作人员进行适当的培训、组织和使用,使人力和物力资源始终处于最佳关系。同时,对人的思想、心理和行为进行适当的疏导、控制和协调,充分发挥人的主观能动性,使"人尽其能,物尽其用",有所作为。图书馆工作的目标是适应社会、经济和社会大环境的发展和变化。例如,文化的发展对图书馆服务提出了很高的要求。

图书馆人员发展的主要目标是图书馆员和图书馆的共同发展,以最好地服务满足读者和用户的需求。

2. 图书馆人力资源开发的意义

使图书馆更具竞争力。计算机技术、通信技术和网络技术的飞速发展改变了过去人们接收、处理和发送信息的方式,同时它也改变了信息的创建和维护方式,将不可避免地对图书馆的运作提出更高的要求。图书馆需要在服务理念上进行广泛深入的创新。

有利于建设高素质的人才队伍。加强图书馆人员发展机制是图书馆工作创新的关键,这使图书馆能够发展和加强其创新能力。提高了图书馆员对图书馆工作的认识,有使命感、责任感和成功感。提高了馆员的科研能力和水平,打造坚实的团队,实现读者对图书馆工作的高度认可,营造良好的互动氛围。

有利于图书馆的可持续发展。由于科学技术的飞速发展、世界经济的融合以及国际文化交流的加强,图书馆在未来发展过程中只有进一步挖掘自身潜力,才能满足不同群体的精神文化需求,实现跨越式的成长和进步。首先,图书馆要明晰自身定位和优势,打造核心竞争力,这样才能更好地抓住机遇;其次,图书馆要创建一支高素质人才队伍,毕竟人力资源是一切组织不断向前发展的关键性因素。

(二)图书馆人力资源开发内容和方法

1. 图书馆人力资源开发的内容

谈到图书馆人力资源开发,不得不提到人力资源素质这一概念。后者指的是一个系统结构,这一结构的关键点在于人才的技能和品行。而人力资源素质结构也决定了人才培养的内容结构。因此,图书馆人才培养的内容主要包括职业技能、专业水平、思想道德素质的培养。

人力资源的生理开发。能力保证是发展能力的先决条件。图书馆工作人员唯有拥有健康的身体素质,才能始终保持积极、昂扬的工作状态。为了掌握图书馆相关人员工作过程中的身心状况,保证其人身安全,可以展开一系列研究,比如,人体在图书馆各工作部门、不同的工作条件下神经系统、呼吸系统和感觉器官的变化;环境设施对人体健康的影响;等等。

图书馆工作人员经常会感觉到疲劳,可以针对这一点去深入研究工作人员疲劳的生理机制、原因和解决方法,使其能够以更饱满的状态、更愉悦的心情投入到工作过程中去。

人力资源的心理开发。人类的巨大潜力最初是作为一种被称为"心理劳动力发展"的心理潜力而出现的,主要目的是利用心理学和行为科学的发展成果来研究能源、作用结构、作用机制等影响人的发展的因素,并利用研究成果指导和影响人力资源开发。在图书馆的所有因素中,人是最活跃和精力充沛的。无论是图书馆的发展还是创新,图书馆的工作需要调动图书馆员的积极性。

人力资源的伦理开发。人力资源伦理发展主要是基于对道德理想等职业道德问题的研究,主要包括道德信念、道德规范、道德观念、道德情绪、道德行为、道德品质、道德教养、道德评价等。工作过程中人际关系的适应也是道德人才培养的一部分。图书馆员之间的谦逊、团结和友谊是职业道德的基本要素。在网络环境下,工作过程中的分工越来越精细,紧密的合作需要图书馆员之间更多的支持和合作。培养个人道德的任务是让图书馆员充满责任感、承诺、公平和道德,唤起良知,唤起恻隐之心、羞耻之心、礼让之心和是非之心,不断地提高图书馆员的劳动伦理素质。

人力资源的能力开发。所谓的能力开发意味着培训和发展图书馆员的技能。人类技能包括观察、记忆、注意力、思考、学习和许多其他领域。员工的创新能力已成为图书馆竞争优势的基础。创新能力是指利用所有已知的信息,按照既定的目标和任务,进行积极主动的思考活动。员工创新潜力的开发应具有两个方面的特点:一方面为员工创新创造条件;另一方面是创新技能的应用。从能力的角度,培养、激励和更好地分配创新的人力资源人才。

2. 图书馆人力资源开发的方法

图书馆人力资源开发的方法是指将人力资源开发分为职业开发、管理开发、组织开发、环境开发四大环节来研究人力资源开发的方法。

职业开发是指以馆员的职业生涯为对象的人力资源开发活动。包括以下几方面的内容:

(1)改进个人职业生涯规划。

(2)改善所有职业阶段上的匹配过程,解决职业危机。

(3)正确处理馆员在职业中的各种心理问题。

（4）在不同的生命阶段使家庭和工作取得均衡。

管理开发的基本手段包括法纪手段、行政手段、经济手段、宣传教育手段等。

（1）法纪（法律、纪律）手段。法律是国家按照法定程序制定、公布和遵守的。纪律措施由其管辖范围内的政府机构、公司、机构和其他社会组织实施和执行。两者都负责控制行为。

（2）行政手段。行政是指通过组织和上司的命令和行动，通过组织的执行层面的行动，对下属直接领导的方法。

（3）经济手段。经济手段是将个人行为的结果与经济利益相结合来控制馆员行为的管理方法。其主要特点是非强制性和间接性，不影响或支配直接和强制性管理方法的行为。

（4）宣传教育手段。媒体宣传教育是指通过宣传法律、方针、规章、制度，以及创造理想和道德，能够使个人自觉地为组织工作，提高人们的意识和思想意识的一种方法。

人才发展活动的环境就是社会环境、自然环境、工作环境和国际环境。其中，社会环境从宏观经济的角度制约着人才发展活动。自然环境以中性的方式存在，人们只能减少对人力资源开发活动的负面影响，但负面影响无法消除。工作环境直接影响人力资源部门的积极性。国际环境影响着世界各国的人力资源开发，而不同国家、地区的人力资源开发有着不同的需求，环境便可以用来满足各式各样的需求。需要注意的是，对环境的处理一定要科学、恰当，否则人力资源的开发进程反而会受到环境的拖累。也就是说，人力开发过程中，想要达到预期的目标，一定要对环境有深刻的认识，并使用科学的方法去使用环境。

（三）图书馆人力资源开发措施

图书馆人才培养的观念受到传统思维的限制。今天，图书馆还停留在一般的基础工作上，诸如新书推荐等，多年不变的工作内容和循序渐进的工作作风限制了馆员的思想观念。此外，人才缺乏竞争，激励机制不完善，难以调动图书馆员的积极性。因此，有必要加强图书馆人员的发展。

1. 转变观念，树立正确的人力资源开发新理念

人力资源是图书馆中最重要的资源。它具有其他资源所不具备的

协调、整合和判断能力。因此,必须坚持"以人为本"的管理理念,充分发挥人力资源开发在经济发展中的基础性作用。图书馆经理在观念的发展中扮演着战略性和重要的角色。"以人为本"必须改变旧的思维方式,鼓励馆员学习新知识,实践新技能,适应不断变化的环境。

2. 实施图书馆人力资源的政策性开发

政策制定可以确保图书馆机构的连续性和人员发展。图书馆管理者必须建立考虑到图书馆员个人发展需求的规章制度,尽快确定并实施多层次的人力资源开发计划,减少图书馆相关员工的流失,及时弥补人员失衡。合理分配人员,使馆员能够更好地适应工作要求。多层次人力资源开发是指有针对性、持续、渐进地发展人员,以保证机构人员的连续性和发展性。

3. 实施图书馆人力资源的激励性开发

发展动机是调动图书馆员积极性和创造性的重要手段。激励模式可以概括为与目标激励相关的内容——精神动机和物质动机。此外,精神道德能有效激发馆员的积极性,培养强大的精神动力,灌输图书馆员的尊重、信任、鼓励和钦佩。为了有效地挖掘指挥的潜力,我们应该了解图书馆员当时的需求和动机,并对不同的馆员、不同的部门、岗位和职责采取不同的激励措施。从文学、科学资格、艺术技能发展方向、个性等方面赋予他们更高要求的任务,并支持他们发挥潜力。

4. 实施图书馆人力资源的培养性开发

图书馆人才的发展主要与教育培训的发展有关,包括提高图书馆知识、扩展技能和提高质量。在瞬息万变的网络和社会环境中,图书馆员的专业知识和商业技能是经过客观规划和培训的。在图书馆员职业的培养中,图书馆需要重点培养知识和其他技能,尤其是计算机和网络技能外语等相关学科,特别重视图书馆员"情商"的培养,提高他们的适应能力和沟通能力,使他们真正成为图书馆的导师和知识带头人,成为多功能的网络人才。这足以满足图书馆的发展,更好地适应现代图书馆建设和发展的需要。

5. 实施图书馆人力资源环境的开发

随着社会经济的逐步发展和现代技术在图书馆中的应用,文献资料的提供者、服务方式、图书馆管理方式正在发生根本性的变化。图书馆作品主要分为原创作品内容和现代作品内容。因此,有必要将员工发展与图书馆的总体目标和规划结合起来,用科学的原理发现人才,有效地开发和使用人力资源。在适当的组织结构、文化结构和知识结构下,改善人力资源开发环境,改善图书馆员的薪酬和工作条件,营造轻松和谐的工作氛围、融洽的人际关系,创造良好的环境。

6. 实施考核,开发图书馆人力资源的潜能

图书馆评估是指图书馆使用学术方法来验证图书馆员的地位、诚信和态度的过程。心理素质、工作技能、专业水平、知识素质等表现在工作中,它们是考核最主要的内容,目的是提高馆员的工作效率。通过考核发现图书管理员的错误和原因,然后提供反馈并与他们沟通,以帮助图书馆员发现不足并进行改进。同时,可以在评估中发现具有潜在能力的图书馆员,促进图书馆人力资源的发展,进一步提高其绩效。

7. 实施设计,开发图书馆人力资源职业生涯规划

职业也称为职业发展,描述了一个人从设定职业目标到专业学习、再到工作的过程。职业对大多数人来说非常重要。对于一个组织来说,职业设计意味着适应外部环境的变化,确保具有适当资格和经验的图书馆员在需要时可以工作,并证明图书馆员的承诺和忠诚。对于图书管理员来说,就是在整个职业生涯中不断跟上,不断提高自己的技能,拥有一定的能力,并为自己的价值观所接受。因此,有必要根据图书馆每个人的特殊情况,如学习领域、教育背景、兴趣、技能等,为每个人设计一个职业规划、发展方向等,以增加每位馆员的潜力,帮助图书馆员实现广泛发展。

第五章

现代图书馆服务管理研究

    图书馆服务是随着信息时代的到来而发展起来的服务。随着行业结构变化和服务业发展，图书馆管理服务具有自己的独特性，但也有服务的一般特点。服务业和服务理论的发展必然会影响图书馆服务，为提高图书馆服务的效率和管理水平奠定基础。

第一节　服务与服务管理

一、服务及其特性

（一）服务的概念

服务是一种非常复杂的社会现象。随着网络技术和新经济的出现和发展，服务研究的广度和深度将不断扩大。

然而，从全球范围来看，服务管理研究始于 20 世纪 50 年代和 20 世纪 60 年代，随着网络技术的发展和激烈的市场竞争，服务逐渐成为企业发展最有力的生存之剑，服务理论再次成为热门话题。中国的市场经济和网络健康状况正在改善，服务业得到前所未有的重视和发展。从服务发展的角度来看，服务的理论和理念是完善的。有专家指出，服务有两层含义。一方面是它的过程属性与价值创造活动相关，反之亦然。另一方面是产品特征，它与价值创造活动的结果有关，即服务产品。从这个角度来看，一项服务可以被视为一种无形的商品，可以购买、出售和估价。

（二）服务的特性

服务既是商品又是无形资产。因此，服务管理理论将服务与常规商品进行比较，总结服务的属性如下：

（1）服务的非物质性和感知性：即服务的无形性。是指服务的产品，它们大多是抽象的，没有任何物理形式。

（2）生产和消费服务的同一性：服务的生产和使用是同时进行的。

（3）服务差异化和可变性：主要表现是同一种服务有不同的提供者。

（4）易消失性：服务不能像有形产品那样存贮。

二、图书馆信息服务管理

(一)图书馆信息服务管理特点

信息服务可分为狭义和广义,这会产生一种使用起来既宽又窄的感觉。从广义上讲,信息服务管理是指对整个信息服务行业的流程和服务活动进行管理和控制;狭义的信息服务管理是指对特定组织所进行的服务活动的管理和控制。

图书馆教育学习

在了解管理图书馆信息服务的基本概念之后,我们需要进一步探索图书馆信息服务管理的方法,以获得更深入的理解。随着图书馆信息服务的不断发展,图书馆信息服务管理在不同的发展阶段具有不同的特点。网络技术的应用和发展催生了新的动力和力量,在信息服务和图书馆管理方面也带来了新的方法论和研究挑战。网络经济的发展与繁荣、信息与服务经济等都为图书馆信息服务的管理带来了新的视角。

1. 图书馆信息服务管理的集成化和知识化

受网络技术和服务经济的增长和发展带动,数据业务、数据业务模型和数据业务网络的融合趋势正在显现。信息技术的不断发展导致信息服务趋于集成化,从产品创造到最终服务聚合的思想,用户可以同时获得一套快速的功能和服务。这要求图书馆联合服务对图书馆信息服务的管理从过去的独立管理走向更加一体化、多层次的管理,即不受单一服务部门领导的限制。

2. 图书馆信息服务管理的人性化和个性化

图书馆信息服务管理的整合性和知识性,包括图书馆信息服务管理的人性化和个性化。图书馆信息服务管理中的整合性和知识性特征是满足用户对便利性和知识性渴望的用户需求发展的结果,图书馆信息服务的管理必须兼顾服务人员的创新潜力和服务使用者当前的需求,提高解决用户问题的能力,清楚地体现发展人类文化的重要性。

3. 图书馆信息服务管理的策略性和开放性

在网络技术视角下,管理信息服务和图书馆组织活动的各个方面都发生了变化。数据传输和服务评级克服了传统图书馆信息服务管理的弊端,并带来了一定程度的开放,使图书馆信息服务水平具有向立体化发展的趋势。图书馆信息服务的管理不应仅仅基于对系统内部环境的总体控制来进行总体控制,但也必须有发展内部和外部交互系统和图书馆信息服务的战略和计划。可持续发展管理战略是通过管理图书馆信息服务和确保图书馆功能和地位的演变来维护最大利益的唯一途径。

4. 图书馆信息服务管理协同发展

在网络技术和服务经济的推动下,一些管理者全权负责管理图书馆的信息服务,所有员工都参与管理,不只是一个部门的一部分。在日益增长的服务和知识经济的网络环境中,不同部门协调互动,实行联合管理,共同识别图书馆信息服务的优势和劣势。知识管理被用来发展图书馆信息管理的综合进步,促进图书馆信息服务。随着服务用户之间的互动,图书馆信息管理越来越流畅,从而更加关注客户满意度和忠诚度,因为用户不再是冷漠的接受者,而是直接参与图书馆信息服务的管理,参与度的增加对图书馆信息服务的质量和图书馆的效率有间接影响,因此在管理中应该注重关系管理,重视互动。今天的生活环境和图书馆的发展区域都发生了前所未有的巨大变化,图书馆在科学发展和可持续发展的理念下存在和发展。扩大图书馆文化的重要性在于营造一种不断学习和发展的氛围,不断促进组织的成长和进步,体现员工的个性与发展。

（二）图书馆信息服务管理原则

1. 树立正确的继承与发展相衔接的观念

在理论和实践中,计算机和网络技术以及相应的知识和服务经济不断发展和完善,将以新的视角推进图书馆信息服务管理。在将这种传统的管理理论转化为新的管理理论的过程中,不可避免地涉及传统和古老的概念、方法和管理理论,我们不能盲目地拒绝它。但在现实条件下,在继承中进化,在发展中继承,所有要舍弃的都必须始终如一地放弃,继承和发展要相辅相成,避免以后出现问题。

2. 以人为因素管理为基础,为图书馆信息服务管理创造创新环境,改进内部营销和关系营销

服务质量不仅仅是物质产品的质量,它还受环境、员工和用户的素质、知识结构、个性和气质等诸多因素的影响。此外,图书馆信息服务的购买力和信息选择以及知识储备都十分重要。要在图书馆信息服务管理方面保持积极的图书馆文化,创建一个提供培训服务的组织,建立一个强大的分级系统来管理图书馆信息。

3. 有组织内部协作和发展的意识和技能

图书馆信息服务要求图书馆管理人员和工作人员了解内部和外部合作,通过打造差异化品牌、服务和战略管理,实现优质服务、个性化产品和服务,致力于协作发展。只有利用图书馆信息服务管理的影响力和吸引力,才能最大限度地发挥图书馆信息服务的价值。

第二节　图书馆服务的内涵

在不同的行业中,服务的重要性也不同。和现有的服务相似,服务具有难以量化、密不可分的特点。坦白说,服务就是软件,是人的主动性所反映的内容。图书馆服务是满足读者信息需求的服务,主要分为信息资源服务和信息咨询服务两大类。图书馆服务应根据影响图书馆发展的普遍兴趣和趋势的许多因素,如思想、技能、态度和方法,在文化上进

行分类。

整齐排放的书方便查找

一、服务是一种文化

（一）图书馆文化是开展服务的基石

图书馆服务是多元化图书馆文化成功的关键，主要包括员工素质、举止和服务行为。藏品价值的复杂性是图书馆品位的自然体现，往往是吸引读者的关键因素。图书馆要有自己的文化特色，为人文服务提供坚实的基础。

（二）文化是图书馆服务的一张名片

图书馆文化可以定义图书馆的独特个性，而独特性最终会创造一个品牌。品牌已发展成为对外宣传的名片和知名标志。当人们知道一个品牌、一项服务或一个链接时，完成工作就会变得更容易、更有趣。我们知道，许多图书馆提供高质量的学术课程，如人文讲座和人文课堂，以吸引读者的注意力并逐渐成为其中之一。将独特的角色转变为品牌需要更好的公关和服务，并利用新闻媒体来增加影响力。

二、服务是一门艺术

(一)沟通和交流的艺术

服务的目的是通过我们的语言或我们运营的其他方面来协助或帮助他人。在目标受众不同的图书馆中,沟通方式也必须改变。由于不同的个性和阅读倾向,沟通必须针对不同的读者量身定制。当然,交流过程中也有相似之处:礼貌的语言、微笑的面孔、善于倾听和深思熟虑的评论。但是图书馆里的东西在不断变化,因此,必须有一个目标:为不同的目标群体和特殊人群提供更好的服务。我们需要学习使用基本的沟通技巧,使图书馆的服务更加专业。

(二)工作方法也是艺术

服务不应该只是积极和热情。图书馆员在工作期间,一举一动都要有明确的目的,一言一行都要符合规范。如果不看读者的需求,一味盲目地提供服务,很有可能会让读者产生被冒犯、不受尊重的感觉。

有些图书馆工作人员心里时常会产生这样的疑惑:为什么我努力了一天还没有得到读者的认可?这要求图书馆员意识到他们的工作方式是否需要改变。管理界有句名言:"我们必须做正确的事。"例如,图书馆的读者正在寻找一本关于校长工作的书,图书馆员却只找到一本关于领导力教学的书。没有合适的结果对应于读者的需求,图书馆员的工作能力则会受到质疑。所以图书馆员要学会思考,明白服务工作的本质,学会运用专业知识全面服务读者,并能充分展示自己为读者解决问题的能力。图书馆员需要一种合理的工作方式和做事方式,不要盲目。

三、服务是一种收获

(一)服务的过程也是提高自身素质的过程

图书馆工作人员需要面对不同群体的读者,想方设法地满足他们各自的需求,帮助他们解决问题,保证自己所提供的服务都是高质量的。然而,不可否认的是,其中的一些困难、一些事情靠图书馆员自己是解决不了的。图书馆员需要主动学习,利用图书馆、网络、数据库等庞大的文献资料库,快速学习,帮助读者。在交付过程中的紧急情况也在一定程度上可以扩展图书馆员的知识。

(二)服务让图书馆员感到快乐

从马斯洛的需求层面看,这就是自我意识的需要。最大的需求和精神层面的需求,它也会给人们带来快乐。当图书馆员使用高质量的专业知识和服务来帮助读者快速解决问题时,会产生幸福感。幸福是建立在互惠的基础上的,图书馆员应该为服务成功而感到愉快。

四、服务决定成败

(一)效率是服务的关键

图书馆学理论与实践的差距是图书馆学衰落的原因之一。一些图书馆的服务只能看作是一种工作,图书馆的员工认为学习许多理论是没有意义的。这是公共图书馆的误解,因此造成效率不高,无法实现优化,导致许多读者不满意。我们知道,很多行业已经实现了服务效率化,比如银行业,已经不再满足于微笑、站起来的服务,而是实现了广泛的服务,实现了量化的效率。图书馆服务不能一味地强调遵守规则,需要减少时间、方法、内容和反馈,在一定程度上提高服务效率。[1]

(二)细节是服务的灵魂

人们总是说,"细节决定成败"。比如图书馆服务,细节是图书馆员服务的真正精神,例如,图书馆员的语言、语气和图书馆员对读者的态度。图书馆员希望读者能感受到自己的热情、关怀、耐心和勤奋,培养读者的同理心,满足读者的期望,尽量避免失望和不适。即使图书馆员无法满足读者的一些要求,有时他们也必须做出充分的声明并给予读者充分的权利。带着温暖的微笑和及时的帮助,每个员工都可以完成服务,给读者留下深刻印象。

图书馆服务是一个有趣的研究课题,对其的定义和理解往往决定了图书馆发展的方向。在工作中,必须彻底了解图书馆服务的含义和细节。图书馆服务是图书馆事业发展的法宝,要使用服务来赢得尊重,用服务体现价值,用服务提升图书馆形象和品位。

潮流图书馆

第三节　现代图书馆服务的理念与原则研究

一、现代图书馆服务的理念

（一）人本原理

人文主义,顾名思义就是以人为本,图书馆以人为本的原则就是以人为本的管理。人本主义的原则是:如果一个领导者要实现一个既定的目标,所有的企业活动都必须以人为本。管理人员的需求必须放在首位,管理的本质是激励人们实现他们的业务目标。作为一种特殊的社会活动,管理需要人来支持任务的发展,因此管理过程中的领导者应该以人为中心,以多种方式进行行动驱动。因此,要信任人来管理,把人作为管理的主要目标和图书馆的主要资源。领导者要充分调动工作人员的积极性,必须在多方面坚持以下原则:

1. 能级原则

领导水平反映在个人技能上。这种能力不是由领导力决定的,而是取决于先天特征(如智力)、后天努力(如专业知识、技能和道德)和身体素质。

在图书馆管理系统中,不同的管理功能是不同的。图书馆管理层级原则是指管理者将管理系统划分为不同的层次,添加相关管理内容,根据管理职责自定义管理人员,建立一些标准和制度。随着图书馆服务用户需求的增加,为了能够有条不紊地开展图书馆管理活动,对于许多图书馆来说,发展适当的能力是优化图书馆管理的重要组成部分。

图书馆管理的能级需要一个基于其能级的稳定的组织模式,相对稳定的组织模型通常代表人类的三角形。三角形是稳定的,因为它有锋利的边缘,但它也有广泛的基础。图书馆管理三角有四个层次。最高层是图书馆的管理或决策层。第二个层次是图书馆的管理层次。第三个层次是图书馆的功能层次,主要是落实到管理员的指导。最低层次是操作级别。这意味着图书馆每个职位的运营官专门负责执行基本任务。

不同级别的图书馆管理有不同的权利和义务,在不同层次的管理过程中必须按照自己的权利和义务履行职责。现代图书馆管理要求将每个职位的员工保持在适当级别以上,但要注意各个岗位和层级员工之间的互动程度。因此,组织培训必须让每个岗位的员工都参与进来。

2. 动力原则

一切的发展变化都需要动力,动力越快越强,变化就会越大,反之则会停滞不前。受控运动包括两个相互关联的问题:能量来源和能量机制。管理绩效的来源是指管理过程中参与管理活动者的各种需要,如系统要求等。动态控制机制是指刺激、激发、引导和限制能源的特定条件机制。有意识的动力机制首先要唤醒动力源,同时引导人们朝着既定的方向前进,以促进目标的顺利实现。广义上讲,图书馆管理的能源主要有两大类,包括从动力源角度划分的物质动力和精神动力,从动力机制角度划分的信息动力。

(二)系统原理

系统来源于英文词汇"system",是指分散和无组织的事物的排列,形成一个连贯的单元和系统的各个元素,它们与之相互作用和相互配合。

一般来说,一个系统具有以下四个特征:客观性、完整性、层次性和相关性。所谓客观性,是指所有的图书馆建设系统都必须有一个共同的目标,并且不同的目标使得构建稳定的系统变得困难。所谓完整性,是指每个系统都不是独立存在的,每个子系统之间都会相互影响、相互作用。因此,在调整制度时,要着眼全局,从制度整体入手。所谓系统的层次性,是指系统中的子系统具有不同的功能,每个子系统都有自己的主系统,这就表明子系统中存在的上下层次的关系,这种层次的关系,不是只在一个系统中体现,它存在于每一个系统中。所谓相关性,从某种意义上说,它可以表示为子系统与系统之间的关系。子系统的存在取决于系统的存在。

（三）动态原理

图书馆管理系统具有动态性。因此,在系统管理中管理者需要按照系统内部的发展关系、变化关系以及诸要素之间的关系进行有序的管理。

动态原理的本质是由系统的动态特性决定的。动态原理定义了图书馆管理的灵活性和范围,只有这样管理者才能顺利应对问题,顺利实现目标。动态原则不仅要求管理者根据图书馆的实际情况灵活、动态地管理,同时也要求管理者在管理过程中注重效率。

二、现代图书馆服务的原则

（一）坚持求实态度的原则

图书馆运作必须符合操作条件,这将是图书馆开展一切工作的出发点和落脚点。21世纪图书馆管理需要新的发展,就必须尊重工作的事实。一切工作都要从实际出发,任何人都不能一味强调创新而忽视客观现实,要将图书馆管理与人类发展和国家发展相结合。只有这样,管理者才能适应人类发展的需要,在工作中取得新的进步。

（二）坚持开放式管理原则

进入21世纪,图书馆面临着社会发展的重大挑战,人们对信息获得的速度和便利性的要求越来越高。然而,传统图书馆无法满足读者的需求。在此背景下,现代图书馆的概念发生了根本性的变化。传统图书馆更注重收藏而不是使用,大多数传统图书馆都是对公众开放的封闭式图书馆,现代图书馆逐渐转向开放式图书馆管理并开始使用新技术。这种变化符合现代社会经济和文化政策的发展。

（三）坚持科学决策原则

在大数据时代,图书馆可以利用大数据和云计算等先进的信息技术,收集和检索各种类型的非结构化数据,这样可以提高图书馆管理效率,减少判断失误造成的错误。

（四）坚持以人为本管理理念的原则

不管社会如何发展,图书馆应坚持以人为本、以读者为中心、树立人性化的服务理念。图书馆员在图书馆阅读服务中扮演着重要的角色,图书馆员的态度、行为和素质直接影响阅读服务的质量。图书馆员必须了解创新服务,这就要求图书馆员在管理图书馆和满足读者的阅读需求时,尊重读者,将为读者服务作为其工作的重点。同时与读者建立良好的关系,变被动服务为主动服务。传统图书馆的被动服务无法满足现代社会读者的多样化需求,此时图书馆应该跟上时代的发展。当改变服务理念时,图书馆员应该认真了解读者不断变化的需求,更新服务内容,并有意识地为读者提供服务。作为一名敬业的图书管理员应该不断提高专业精神和工作技能,对数据源进行分类以便于搜索。

（五）质量管理的原则

图书馆资源是图书馆生存和服务读者的基石。图书馆馆藏资源的形式已经从原来的纸质文献和书籍转变为电子文献和网络资源,同时加强了读者对更新信息的获取。但是,丰富馆藏资源会带来一些问题,例如材料的复制和数据采集的复杂方法。由于不同的文献类型配套于不同的技术环境,图书馆应以不同的方式优化和整合图书馆资源。

（六）开源和节流原则

长期以来,我国的图书馆在创建内容方面存在严重的资金困难,因此在系统维护、硬件和软件升级以及人员培训方面的投资将是一项重大挑战,且在建设和运营现代化方面也面临严重障碍。图书馆管理者必须擅长设计、维护和更新设备和软件,满足各个方面的最高资本要求。

第四节 图书馆服务管理的体系研究

一、图书馆服务组织

(一)服务组织概述

服务机构是指不同的服务部门、服务组织根据服务之间的实际关系进行分工。受各种因素的影响,服务组织可以分为不同的形式。根据社会需要,服务组织可以分为机关、医疗机构、慈善机构、运输公司等。根据服务机构内部的需要,服务部门的数量也按照整个服务系统的正常运行情况进行分配。大多数图书馆服务包括采编、借阅、技术和咨询等。

大多数服务组织由营利性服务组织和非营利性服务组织组成。盈利性服务组织的主要目的是获得财务优势,也叫财务组织。这种服务组织形式多样、方法灵活,他们中的大多数使用单一的操作方法进行组织和操作。非营利服务组织也称为非营利组织,服务单位是免费的。非营利服务组织通常分为几个级别,各级下属关系清晰、准确,并且这种关系在形成后通常不会改变。对于我国图书馆而言,作为一个非营利性服务机构,图书馆可以分为公共图书馆、专业系统图书馆和大学系统图书馆。

服务组织系统是由一个组织组成的,包括来自社会部门服务组织的基础设备、资源和服务产品。组织结构、基础设施和数据源是服务组织体系的核心内容,由于这三个因素的影响,不同的服务组织导致不同的服务结果,影响服务质量。服务机构本身具有发展和创新的特点,将随着社会变革和技术发展更新内容、服务和范围。

(二)图书馆服务组织

现代社会的发展,需要新的图书馆服务,要进一步鼓励图书馆服务的发展,需要改进各自服务机构的服务实践。

1. 图书馆组织文化的设计

正确理解图书馆的定位。图书馆的发展与否取决于它的硬件和丰富的资源,但也取决于图书馆利用其有限资源实现价值最大化的能力。正确的定位可以帮助图书馆创建更合适的企业文化。

共同设定目标。主要针对图书馆员,管理者应该深刻意识到,真正的企业文化隐藏在参与者的脑海中。领导者的作用是根据社会变化和发展制定明确的发展目标,制订良好的员工发展计划,使员工在公司内接触到许多职业机会,鼓励员工认可和接受公司文化。

引导员工创造正确的价值观。文化基本上是一种概念,它作用于人脑,并通过人们的思维和行为方式表达出来。企业文化渗透到员工的脑海中,体现为更强大的文化传承。经常被引用的精神和精神态度是企业文化的真实反映。

明确规章制度。大多数规章制度都是对技术、运营等方面的详细要求,很少考虑到员工行为等深层次的文化方面、服务语言和服务环节。完善企业文化,营造更具优势的企业文化氛围,将服务质量分类为材料标签的重要组成部分,从系统规范中定义服务行为,提高服务质量。

2. 图书馆组织文化的塑造

为了培养良好的企业文化,图书馆需要考虑两件事:第一,图书馆需要明确定义自己系统的内部目标,如价值观、规则、法规和行为准则,通过文化塑造图书馆的良好形象。第二,通过各种机制渗透,逐渐成为员工的主动行为。一旦正式的文化到位,就会制订一些适当的计划。

另外,图书馆组织不同的活动可以强化员工价值观,无形中提高并加强员工之间的团结。

建立和遵守规章制度可以将组织文化转化为现实。图书馆通过相应的规章制度,可以培养员工的服务精神。

(三)图书馆服务组织发展趋势

1. 图书馆服务组织虚拟化

在信息时代,虚拟化是现代图书馆的目标,大多数"虚拟图书馆"为人们提供基于信息技术的虚拟资源和信息服务。图书馆的结构和功能一时间无法解释清楚。因此,可以进一步研究图书馆的功能、结构和行为,扩大图书馆虚拟化的研究领域。

随着信息技术的快速发展,图书馆应该寻求更高水平的专业知识和协作,并在综合实力提升的基础上,为用户提供及时、高效的优质服务。

2. 图书馆服务组织协作化

图书馆要按照图书馆虚拟化的追求,加强图书馆之间的合作,实现更好的发展,提高服务效率。对于任何的服务型组织来说,自身的专业化水平再高,也没法只靠自己去获得跨越式的进步与发展。想要最大程度地提升服务水平,增强组织内部力量,就要在保持专业化的基础上,与外界广泛地展开合作。而这种良性的合作一定能够让自身得到脱胎换骨的成长,也能为公众提供更大的价值。

图书馆合作组织的发展。图书馆未来的工作方式应该以"图书馆合作"为基础,它打破了原有图书馆独立运营的传统模式,为进一步促进信息资源的交流奠定了基础。

与出版商建立合作伙伴关系。图书馆与能够满足需求并增加价值的出版商建立了合作伙伴关系。因为一些特殊因素,出版物和数据库的价格水涨船高,为了在激烈的市场竞争中站稳脚跟,图书馆必须加强对外合作,与出版商进行更多的有效沟通。在电子信息技术日新月异的今天,图书馆与出版商之间保持着亲密无间的合作关系,一方面出版商可以通过图书馆协作体,间接地为协作体成员提供新的商品与服务,另一方面也可确保图书馆的有效访问和资源使用。

ASP是图书馆新的合作伙伴。ASP即应用程序提供商,是指使用其网络提供托管服务的网络运营商。对用户的应用程序提供管理和相关服务。

关于ASP,最普遍的形式是电子邮件网络系统,后者经常用于企业间的业务交流,是一款常见的日常办公软件。图书馆与ASP展开合作,就能通过电子邮件和其他在线工具、应用程序等获取更多的资源信息,也方便工作人员与用户或用户与用户之间的交流。通过ASP,图书馆提供的服务质量明显上升了不止一个档次。需要注意的是,就目前而言,图书馆还未实现在线自动化,ASP如何使它们成为图书馆的强大工具还有待研究。

3. 图书馆服务组织学习型

利用电子网络,能获得超高效率,但其环境却是复杂的,在这种情况下,图书馆和馆员不应该放弃学习,而应让自己始终沉浸在良好的学习氛围中。想要在激烈的竞争中始终保持自身的优势,更好地去组织服务,就应该不断学习,积极充实自己。学习型组织理论能够帮助推动现代图书馆的转型创新,图书馆应该将此作为思想指导,加强团队合作。

二、图书馆服务用户

(一)图书馆读者与用户

1.图书馆读者

图书馆读者是对图书馆收藏和提供的文献资料、数据信息进行阅读和使用的对象,它指的不只是具有阅读能力和独立思考能力的个人,也包括具体的团体或部门。

随着时代的发展,图书馆读者的身份也被赋予了不同的意义。比如,在图书馆提供服务的前提下,主动或被动接受、利用相关知识信息的用户。在这种情况下,图书馆读者已经成为社会阅读系统的一个组成部分。这不仅包括图书馆的实际注册读者,也适用于尚未使用图书馆资源的大量潜在读者。真正的读者是申请借书证或从图书馆借书的社区成员。那么,什么是潜在读者呢? 它指的是一群虽然还没有接受过图书馆服务,但未来极有可能与图书馆建立借阅关系,具备一定阅读能力和档案资料利用需求的社区成员。关于图书馆服务,使用书籍资源或信息的读者是注册的读者,潜在读者则是次要目标。

2.图书馆用户

图书馆的主要目标是始终服务于图书馆用户,即为读者服务。随着社会的发展,图书馆的内涵将不可避免地发生变化,相应的,图书馆用户的内涵也会变得更丰富复杂。而现代信息技术的快速发展,使得图书馆逐渐从传统的内容形式演变为实体与虚拟相结合的复合形式。因此,图书馆的服务范围将会扩大。同时也致力于满足图书馆用户的文化、精神和娱乐需求。

图书馆里看书办公

（二）图书馆用户文献信息需求特点

1. 社会化

提高现代图书馆的服务质量和综合信息资源。这增加了用户对信息的感知，而且他们的需求更加广泛多样。在公众需求不断增加的背景下，图书馆服务的体量也呈指数级增长，从跨地区、跨行业、跨部门的用户，到服务全社会的用户。

2. 集成化

长期以来，用户倾向于使用不同的方法。涵盖对信息的需求、对信息服务的需求以及对自己的方法和查询系统的需求。用户的数据需求分为四种：使用环境获取信息、使用技术手段收集信息、使用信息服务收集信息和使用信息收集系统。当用户调用需求和使用数据时，信息资源的碎片化和信息技术使用的分离，决定了信息收集行为根据个人需要。随着信息技术、计算机技术、电信技术和网络信息处理技术的发展，信息资源的开发、组织和分布也发生了变化。在网络环境中，多种数据采集方式并行，用户可以根据各自的客观需求获取相似的信息资源。为了实现信息和信息资源的收集和发布，集成了多功能、多渠道的数据请求模式和服务行为。

3. 综合化

用户文献信息、需求的整合，一方面是内容需求的整合，另一方面是关系到需求的整体发展。用户面临的资源正在增加，人们迫切需要内容全面的信息和知识，以及广泛的资源。由于用户的职业和角色不同，接收到的信息必须满足工作和培训的需要。因此，对用户需求的满足应是全方位的。

4. 高效化

用户文档和数据要求的有效性主要体现在以下部分：首先，用户面临着任务和工作内容的快速变化。其次，只有高性能的数据服务才能提供快速的数据处理和优化的数据使用模式。信息技术用户将逐渐熟悉新技术的应用，通信网络的普及和电子信息技术的发展，将使信息技术的高效转移成为可能。

5. 个性化

社会信息化的发展提高了人们对信息的感知能力，人们对信息资源的需求呈指数级增长。同时，网络环境也使人们能够保持私密性。现代网络信息技术可以为信息的交换和传输创造强大的机制，并为社会所有成员创造一个满足他们自我提升需求的个人空间。在网络条件下，用户的个性需求主要表现为以下四点：

一是信息的收集。在信息的获取结果上，人们更加期望网络信息服务由关注社会群体需求转变为关注社会个体的个性化特色需求。

二是信息交流。在现代社会因为用户工作在不同的行业，他们对社会和学术领域的渗透更为明显，而且他们的资源需求不同。因此，对知识的需求是多方面的。

三是公开。信息的发布主要是指用户向外界传递自身理论知识或研究成果的需求，如科研项目、科研成果、工作报告等。

四是信息咨询。当人们参与研究、教学或日常工作时，通常需要有效的知识或建议。

个性化图书馆

三、图书馆服务资源

（一）图书馆资源的构成

如今，人们通常倾向于将图书馆服务工作开展所需的资源分为文献信息资源、人力资源和设施资源，这是当前图书馆界较为流行的观点。

1. 文献信息资源

文档数据源也称为数据源，代表了图书馆存在和发展的基础。它包含图书馆提供和使用的所有信息，主要分为文学资源的集合与网络资源，还包含可以共享的其他设备的文学资源集合，这些资源收集在图书馆中，可以为用户提供知识和信息的网络信息资源，是使用现代计算机网络系统在线提供给用户的资源，包括数字化静态文档数据和动态社交数据。

2. 人力资源

图书馆的发展离不开人力资源的支持。图书馆工作人员是图书馆人力资源的构成部分。想要扩充图书馆的人才队伍，提高人力资源的质量，不妨将读者和用户也纳入到图书馆人力资源的范畴之中。当用户被允许参与图书馆的管理和服务时，读者和图书管理员实际上可以为图书馆行业注入新的活力。

3.设施资源

设施资源不同于设备资源,不能将这两个概念混为一谈。它们之间的区别在于,设施资源更丰富广泛,包括图书馆馆舍、图书馆设备和图书馆用品。其中,图书馆设备是主要的设施资源,包括传统设备(如书架、阅览桌椅等)和现代化设备(如计算机等)。

整齐的书架

(二)图书馆资源的特性

1.可用性

图书馆资源收藏的最终目的是充分满足文献等信息使用者的需求,因此可用性是图书馆资源的一个重要特征。图书馆资源馆藏具有较高的图书采购水平才可以进行可持续发展。

2.有序性

图书馆资源必须是有序的。如果图书馆的文献和资源乱七八糟,就会导致获取资源的方式混乱,用户将无法使用,图书馆资源将失去意义。图书馆的人力资源也必须受到监管。人力资源管理是资源的整合,图书馆非常重视人力资源管理,以保证员工服务的效率,充分体现图书馆服务的最大价值,为用户提供舒适的阅读环境,并充分利用服务功能。

3. 整体性

整体性是指生命系统中以特定方式创建、连接和约束的各种元素。因此,所有这些有机物质都代表了一种每个元素都没有的聚合函数,并达到了大于其各部分之和。在图书馆组织中,图书馆资源的各部分组成要素共同构成了图书馆服务的整体,各组成要素之间紧密联系、不可分割。

4. 联系性

联系性基本上包括两个方面:一方面,系统内部组件之间相互连接和交互;另一方面,系统的内部组件也与系统的外部环境有关。这种关系维护了系统的稳定性和完整性。当图书馆服务依赖于其组件的互操作性时,它仍然与外界保持着密切有序的关系,提供不间断的图书馆服务。

5. 动态性

随着时间的流逝和外部环境变化,有机系统的内部组成部分也会发生一些改变,这便是动态的具体呈现方式。现代科学技术不断向前发展,外部环境因此发生了翻天覆地的变化,为了适应这种变化,图书馆也要不断改进其资源和技能,推荐优质人才,强化自身运营体系。自图书馆发展以来,内部资源的外部形态和内容随着社会的发展而不断变化。

(三)图书馆服务资源整合

1. 不同载体、不同类型的资源间的整合

今天的图书馆拥有多种类型的资源,不仅仅是传统的印刷文件,还包括使用各种格式的电子信息技术电子资源(包括音频和视频)创建的数据库和网络资源。因此,要整合图书馆资源,首先要定义不同的资源配置标准。要有清晰、全面、系统的地图,才能让资源相互整合、连接、渗透。整合应着眼于传统文学资源的系统化、范围化和数字化,这就需要对数字化工作进行周密、全面的规划,以保证图书装订的顺序和层次。

2. 各类电子信息资源的整合

图书馆目前正在收集电子书、电子期刊、光盘数据库、在线数据库、网络数据库、网络资源等电子资源,合理规划各类型、异构数据库的比

例、确立整合机制,认真分析它们之间的异同、相互关系、重叠程度,根据读者的信息需求和学术需求,合理分配各类数据库资源,实现各种数据库集成和跨库检索,创建集中的数据检索平台。

3. 图书馆馆际间资源的联合整合

图书馆信息资源的整合必须考虑到图书馆与分馆之间信息资源的整合。地区图书馆,甚至全国各地的图书馆,如有可能,在图书馆之间创建不同类型的虚拟资源,供用户与图书馆系统集成。

(四)图书馆服务资源共享

1. 资源共享的含义

尚未出现数字技术和计算机的时候,图书馆之间的资源共享仅限于传统印刷资源的借阅和赠送以及图书目录的交换。由于现代科学技术的飞速发展,图书馆利用信息技术作为技术创新的工具,以获取、检索、整合和文献资源的形式提供必要的文献资源。这些资源可以归该图书馆或其他图书馆所有,它们可以来自国内或国外。现代科学技术的发展为文献资源的交流奠定了坚实的基础,高效、快速地共享文档信息是现代图书馆的基本特征。只有不断调整服务策略以满足用户的需求,加强库存资源的打造,才能吸引更多的用户,巩固自己的主宰地位。

2. 资源共享的对策措施

加强人力资源建设。随着现代科学技术的发展,越来越多地利用电子设施和网络技术来创造图书馆资源。图书馆的管理应不断完善制度,任用高水平、高素质的管理人才,同时,图书馆的人才体系应着眼于培养具有广泛纪律性和创新技能的新人才,开拓进取,跟随社会发展进步,提高水平和综合能力,加强跨学科知识的分析和整合。收集和研究具有地方特色的文学资源,并创建不同类型的数据库,如主题数据库和区域特定数据库。

加强政府宏观调控功能。图书馆需要通过国际合作和政府干预扩大其在许多领域的应用和专业知识涵盖,如网络、技术和管理,必要时甚至组织、协调和监督。政府要充分发挥宏观调控的作用,确定图书馆建设发展方向,使图书馆建设协调规划,分工协作,加强沟通,相互促进,不断提高图书馆建设水平。

重视特色资源数据库的建设,开展多样化的信息服务。数字化和专业化是现代图书馆的主要特征,这使图书馆能够保持活力和长期的竞争优势。当图书馆失去这一特色时,将造成人力、物力和财力的巨大损失,导致图书馆失去竞争力。图书馆资源大多是优质的、独特的文学资源,并且资源之间的连接形成了一个强制性的、标准化的独特的资源系统。应利用区域资源优势,开发利用本馆独特的馆藏资源,在网络环境中创建新的文档传递服务,提高用户对图书馆的满意度和使用率。

加强合作发展并建立共识。共享图书馆资源需要国家总体规划,它不仅需要相关部门和行业协会之间的分工协作,必要时也需要国际合作。这就需要建立一个跨学科的管理协调组织,一个跨行业、跨区域,采用自主开发一体化的信息资源开发模式,融合发展合作与联盟发展,建立利益分配标准和协调馆际互借,建立与其他项目的关系,促进图书馆之间的合作和资源共享。

加强对版权标准化建设和质量管理。加强对法律、知识产权、获取权、信息安全等课题的研究,建立相应的法规,通过法律保护著作权人的基本权益。研发数字版权管理技术,加强政府宏观调控,确定相应的政策法规,减少错误的发生率。

四、图书馆服务环境

(一)图书馆服务环境的构成要素

图书馆的服务环境应包括五个方面:服务资源、服务空间布局、信息技术条件、服务制度和服务活动。

1.服务资源

在图书馆服务资源中,文献资源是图书馆服务活动的支柱。它的实际内容既包括现实馆藏资源,同时也包括虚拟馆藏资源。

2.服务空间布局

从空间上看,图书馆服务空间布局可分为图书馆建筑的整体空间设计、各功能区的科学布局、设施设备的布局与布置等。

安静的阅读环境

3. 信息技术条件

信息技术术语有两个主要部分：信息服务技术和网络技术。信息服务技术与网络技术是建立高品质图书馆的前提条件，同时也为信息服务平台的建立提供了相应的技术支持。

4. 服务制度

图书馆服务体系主要包括两个方面：一是法律、法规和指令以及由政府机构出版或批准的图书馆服务指南。二是服务体系和图书馆系统本身的规则。图书馆应提供标准化的图书馆服务环境。此外，平衡图书馆系统组件之间的通信也很重要，可以确保图书馆机制正常运行，提高服务效率。

5. 服务活动

基本上图书馆是一个服务机构，其主要目标是为用户提供服务。有学者指出，图书馆服务活动不仅仅包括服务管理、服务方式和服务交流，也体现在服务活动中的服务理念和服务态度。改进图书馆服务活动是一项综合性工程，需要综合系统地考虑。

（二）建立图书馆服务环境的意义

1. 有利于实现图书馆的价值

在互联网飞速发展的当今社会,传统图书馆的功能与以往相比,削减不少,首先要求相关人员去创建更好的图书馆服务环境。比如,要充分调动图书馆工作人员的工作热情和积极性,令服务理念深入人心。其次,引入先进的信息技术去改造现有的文献信息资源系统,方便用户搜索和使用文档,为其提供高效的信息获取途径。

这将使用户更容易获取原始数据,并最终从用户的角度定义服务体系,使用户能够方便、诚实地获取信息。创设一个不仅满足用户实际需求,还要满足用户精神需求的环境,才可以拥有广泛而稳定的群众基础。

2. 有利于树立图书馆良好的形象

图书馆用户受到许多因素的影响,如图书馆的建设、位置、场所、装修、服务质量、员工的行为和态度。用户会感受到它们的价值。因此,服务环境的好坏间接影响着图书馆的形象。

3. 有利于凸显图书馆在信息服务方面的竞争优势

在图书馆服务环境中,图书馆可以不断扩展其服务范围,以积极进取的服务理念和精神,打造特色服务品牌,提升服务水平。以最先进的信息设备和高水平的服务技能,如在线导航服务、网络信息服务项目、大学信息服务项目的开发,为机构提供专业的咨询服务。

（三）图书馆服务环境的营造

打造图书馆服务新环境不可能在一夜之间完成,这个目标可以通过长期的战略规划来实现。[1]

1. 制定长远、全面的战略规划

图书馆当前的目标是为信息服务提供优质、高效的环境。需要创造一种新的服务理念和富有同理心的精神,发展员工的综合服务,建立和整合系统资源和信息技术系统,展望未来,设定目标,制定分步战略。

---

[1] 马利华.图书馆信息管理与服务研究[M].延吉:延边大学出版社,2019.

2. 确立全新的服务理念

图书馆管理员、图书馆员和用户需要改变思想。基于全球信息网络了解全球信息技术发展和信息服务业的现状，了解当今世界的开放性和竞争力，创造新的服务理念。

3. 改善图书馆的功能布局

图书馆建筑的设计和布局是读者可以直接接触到的，对读者的影响也是最明显的。一个好的图书馆的建筑设计和布局必须与自然环境相融合，且要拥有现代化的设施和资源。此外，在图书馆的规划和建设过程中，应该对每个服务区进行充分的规划和安排。应根据各工作区的特点进行装修，建立适当的通行路线，以方便服务使用者，提高使用效率和使用图书馆的标准。

悠闲舒适的阅读区

4. 实现技术环境现代化

今天，电子计算机已经普及。电子和网络技术每天都在发展，传统图书馆的工作方式发生了根本性的变化，现代图书馆服务环境逐步走向现代化技术环境。为了更好地为读者服务，图书馆需要在技术设备上投入更多，引进现代工具和设备以及管理技能，并改进图书馆中物理和虚拟资源的收集，以使用户可以在家中舒适地阅读文档。

5.提高馆员的综合素质

随着服务理念的转变,图书馆必须加强自身的内部管理,加强馆员职业技能培训,传授馆员职业技能和资质。图书馆应制定规则和条例,以促进图书馆能力的使用以及信息资源的开发和创建,从而使图书馆资源系统各部分的功能相互联系、相辅相成,实现系统的动态平衡,提供跨领域的高质量文档数据服务。

第六章

图书馆信息化管理研究

信息技术应用于图书馆管理和服务后,人类经历了"互联网革命",网络环境和信息环境发生了翻天覆地的变化。同时,图书馆作为文献信息中心,服务于社会,主要服务于读者。它的基本功能是直接或间接满足读者的需要。本章对图书馆信息管理进行了一些研究和分析。

第一节　图书馆信息资源研究

一、图书馆信息资源的内涵与外延

综合国内外现有的研究成果,有以下两种具有代表性的观点。

（一）狭义信息资源

狭义的信息资源是指从内容本身产生的信息的集合,即人类广泛加工和积累的有用信息的集合,如科技信息、政策法规信息、社会发展信息、市场信息、医疗信息等,只关注信息本身的特性,即以文字、数据、图形、图像、声音、动画和视频等形式储存在一定的载体,并可供利用的信息。

（二）广义信息资源

从广义角度而言,信息资源指的不仅是信息本身所负载、传达的内容,也包括现实社会生产、生活过程中有价值的信息的集合。无论是生产或提供信息的组织、人员,还是处理、传递有价值信息的设备或技术,都在信息资源的范畴内。广义信息资源,指的就是信息资源及与它有关的各种资源的总和。

总的来说,数据源的概念有其自身的特点。从馆员的角度来看,信息资源的内涵和扩展应该包括以下几点:

首先,数据源应该是收集数据的地方。只有信息丰富到一定程度,才能成为信息的来源。

其次,资源应该是有用信息的来源。美国经济学家艾伦·兰德尔认为,资源是前人发现的有用且有价值的物质。资源集合不包含任何无用信息。

再次,数据源应该是一个有组织且可访问的人为组织数据的集合。

最后,数据源应该具有多种文档提供程序格式,如文本集合、音频和视频。

因此,信息资源应定义如下:信息资源是经过人类筛选、组织、加工,并可以存储和能够满足人类需求的各种信息的集合。

二、信息资源的特征与分类

(一)信息资源的特征

1.信息资源的经济学特征

没有必要的投入(如不同的资源),人们就无法参与经济活动。传统的经济活动之所以能顺利展开并取得良好的结果,与丰富的物质、能源及劳动力资源的使用分不开,这种经济活动对原材料有很大的依赖。而现代经济活动则普遍依赖于信息的传播和信息技术的发展等。

人类之所以将信息资源视为生产要素是因为数据不仅可以被利用,作为生产中的关键因素也可以与数据输入相结合、相互作用。

稀缺性。所有类型的经济资源都具备同一个最基本的属性,即稀缺性。信息资源作为经济资源的一个分类,自然也不例外。造成信息资源稀缺性的原因主要体现在两方面,具体分析如下:

其一,想要最大化地开发利用信息资源,就要投入相应的资金成本。

其二,在既定的技术和资源条件下,每个数据资源都有一个固定的聚合效用。重复使用后,这个总效用会逐渐减少。

可选择性。资源与经济活动的结合,为经济活动各方面的全面渗透提供了有效的资源渗透。同一个数据源可以处理不同的对象,同一信息资源可以作用于不同的对象,并产生多种不同的效果,从而直接或间接地节约物质、能源和人力资源。

2.信息资源的独有特征

共享性。共享是资源的重要特征,通过加强市场和政府的作用,这种自然的合作大大增加了人工色彩,如通过建立和改进国家专利制度。由于是资源共享的,那么相应的责任、义务也是共享的,这是必然要付出的代价。

不可分性。信息具有完整性和不可分性,在这一原则下,为了尽可能地避免人为分割所造成的资源浪费等现象,就必须对所有的信息资源及相应的管理机构实行统一规划、管理。

时效性。信息资源的时效性是指信息资源从发出到接收、利用的时间间隔及其效率。哪怕某些信息资源拥有极其宝贵的价值,这价值却不可能永恒存在。对于其价值的利用是有时间限制的,一旦信息资源失去了它们的用处,就显示了信息资源老化的现象,这种现象在近半个世纪已经非常明显。随着科技的飞速发展,更新的速度也越来越快,所以资源的及时性就显得尤为重要。信息资源的时间效率并不意味着开发的信息越早使用越好。

驾驭性。自由地对信息资源进行开发利用,游刃有余地管理、控制其他资源,即信息资源的驾驭性。人们利用资源开发和管理其他资源的能力,在很大程度上取决于科学技术的发展和社会信息提供的水平。

科学技术的发展,能提高人们对信息资源的驾驭力。随着社会信息化水平越来越高,各种新技术层出不穷,且越来越成熟,在新兴信息技术的帮助下,人们对信息资源开发利用的程度越来越高,管理其他资源的能力也越来越强。

动态性。因为数据本身是敏感的。新数据不断产生,旧数据不断失效。这不可避免地导致数据源中新信息的不断增加和旧的不准确信息的不断淘汰、信息不断替代这样一种动态变化的状况。

累积性与再生性。物质资源和能源资源是消耗品,并且它们的自由形式和使用价值最终在消费和使用中被淘汰。因此,物质资源和能源资源在使用过程中不会再生,也不会以任何方式积累。信息资源不会被浪费,信息资源一旦被创造出来,就不仅能同时满足人类的需要,也可以通过数据的存储、积累和传输来实现时间连续性,以满足今后的需求。

（二）信息资源的分类

信息资源的内容十分广泛,因此,对信息资源的不同认识和理解(不同的分类依据)可将信息资源划分成不同的类型。

1. 广义信息资源的分类

广义信息资源有着不同的分类方式,按照其组成关系划分,具体有元信息资源、本信息资源、表信息资源这三类。

元信息资源。信息生产者或产生者的集合便组成了元信息资源。它是信息资源的基础。

本信息资源。本信息资源是指信息内容本身,即信息的集合,它是构成信息资源的核心部分。

表信息资源。表信息资源是指为信息的收集、存储、加工、处理、传递、开发、利用而运用的一切技术和设备的集合。

按广义信息资源所处的空间位置划分,可将信息资源分为国际信息资源、国家信息资源、地区信息资源、单位信息资源等。

国际信息资源。国际信息资源也称为全球信息源,指连接数据源的全球数据交换组(包括数据库、计算机、数据用户和数据生产者),通过网络分布在世界各地。

国家信息资源。国家数据源代表给定国家信息资源的总和。包括各种数据库、计算机、设备、数据使用者、数据生产者等,通过网络交换数据源。

地区信息资源。地区信息资源又称为部分信息资源,是指某个省、市、部门或系统的信息资源的总和。

单位信息资源。单一数据源是指公司、大学或政府机构的资源集合。这是国家资源共享的最基本要求。

2. 狭义信息资源的分类

按狭义信息资源开发利用的广泛性、社会性及其具有的价值性划分,可将信息资源分为成品信息资源、半成品信息资源、档案信息资源、动态信息资源、消费型信息资源。

成品信息资源。成品信息资源是指书籍、杂志和文献以及已记录、出版、印刷并具有一致存储价值的数据。其特点是:数据量大,增长速度快。成品信息在科研生产和智力开发中有着广泛的应用,并将继续发挥越来越重要的作用。

半成品信息资源。半成品信息资源是科研成果,如手稿、草稿、内部研究报告和工作文件。特点是:这类数据在及时性和价值方面比其他数据更重要。

档案信息资源。档案信息资源是指国家图书馆、档案馆、博物馆等利用光盘、高速传真等信息技术为社会提供各种服务的图书档案。

动态信息资源。动态信息资源是指每日新闻、简讯、动态报告、市场行情等信息。在现代社会中使用动态信息资源的价值正在增长和渐进,并且传播到公共生活的各个领域。

消费型信息资源。消费型信息资源其实就是一种知识产品,其拥有足够的存储空间和突出的商业价值。更重要的是,消费型信息资源开发利用的潜力大,典型消费型信息资源包括激光光盘、录像带等。

按狭义信息资源的加工程度划分,可将信息资源分成零次信息资源、一次信息资源、二次信息资源、三次信息资源。

零次信息资源。零次信息资源是指直接用于观察某些对象的动作的人、物。这是各种信息系统中信息产品产生的原始资料,尤其是来自许多领域研究的信息产品。这些信息来源来自对人、事件和相关对象的识别,通过建立专门的沟通渠道,采用合适的方法对相关情况进行记录和分析,反映物质事物状况的人与物,是非常特殊和重要的信息来源。

一次信息资源。一次信息资源是指记录有原始的全文信息的文献载体,如原始的报刊、会议论文、技术报告、专利说明书、标准文件、会议记录、统计报表、财务报表、人事档案、公司年度计划等。其特点是:比较零散,系统性不强,但包括所有的重要内容。

二次信息资源。二次信息资源是指在原始信息的基础上加工整理而成的信息产品,如各种文摘、索引、目录、互联网上的搜索引擎等,它们是用于对一次信息资源进行查找、搜寻的导航工具。

三次信息资源。三次信息资源是指通过对一、二次信息进行高度浓缩、提炼加工而成的信息,包括年度总结、综述、数据手册、名录、各种经济大事记、统计年鉴、辞典、百科全书等。

第二节　图书馆主要的信息资源及其组织管理研究

一、书目信息的数据库建设

无论提供者的数据资源如何,都必须看到其使用价值。如何提高资源消耗,让读者更容易找到,是图书馆在组织和管理资源时首先需要考虑的事情之一。

书目数据的处理也是其中重要的部分。实践经验告诉我们,建立书目信息数据库能极大地提高检索效率,帮助图书馆员节省更多时间和精力。想要创建书目信息数据库,可以采取多种渠道和方式,具体可看以下分析。

其一,自己创建;其二,投入一定经济成本,去购买标准书目数据套录；其三，将以上两种方式结合起来，利用购买的标准书目数据套录，去琢磨、创建出一套完整的数据库系统。

购买副本有标准参考书目。一些图书馆现在还"在线"提供书目数据集。这些形式中的每一种在某些应用中都有其自身的优点和缺点。使用复制方法的主要优点是数据中的数据相当标准化，并且可以更方便地搜索。这一优点固然能够提高搭建效率，却也不可避免地拖累了速度。在经过一系列的准备工作后，我们才能投入到细致、具体的搭建工作中去，这无疑是一个漫长的过程，中途可能还会遇到很多困难，唯有逐一攻破，才能创建出一套效果斐然、符合预期的数据库系统。使用自主开发的方法的优点是速度控制的设计更加灵活，但缺点是在施工过程中缺乏严格的标准和方案。因此，输入数据的质量通常难以保证。

二、对电子文献的组织管理

随着信息网络的不断发展，电子文档在文化发展中的地位越来越重要，因为它在数量和范围上都是对传统数据源的有力补充。从图书馆资源管理的角度来看，电子文献增加了其藏书份额，并且随着用户年龄的增长，对电子文学的需求和依赖程度越来越高。下面分析它在图书馆电子文档的组织和处理中如何发挥作用。

一是明确电子文档的计量标准。电子文档与传统文档的主要区别在于媒体——大多数传统文件都是纸质文件。虽然电子文档具有电、磁和光的形式，但在电子文档的组织和管理中需要解决的问题是计算标准。不管是数据源的提供者作为差异标准还是内容，资源都是差异标准，没有统一的做法。

从目前的实际工作经验来看，电子文档的组织管理通常有三个标准。

（1）以相关内容的独立性和完整性作为统计的基准。如电子图书，以内容相对完整性为标准。一本图书分多张磁盘或光盘存放时，可按一册统计；若一张磁盘或光盘中有多个文献时，要按多册统计。

（2）独立于发货人进行统计管理，作为衡量标准。尤其是可以根据磁盘、光盘等不同规格和大小进行统计分类。

（3）符合供应商形式和具体的电子文档内容，并使用数据作为统计的衡量标准。

二是分类编目。电子文档在存储介质上有所不同,但就内容而言,它就像传统文件一样,也必须根据某些特征进行分类和管理。我们在实践中需要特别注意的是文档的完整性,分别存储在多种介质上时,应当按照丛书编册的方式进行。如果存储介质上有多个不同且完整的文档,可以对其进行分编,方便查找。

三是存放管理。电子文档虽然比传统纸质文档更便于携带,但文档保存管理相当严格。

第三节　图书馆信息资源建设研究

一、图书馆信息资源建设的定义

目前,学术界对信息资源建设概念的理解还不完全一致,主要有以下两种理解。

(一)情报学界对信息资源建设概念的理解

首先,图书馆界引入了文献资源和文献资源创建的概念。信息学界已经开始讨论与数据源和信息生成相关的问题。随着 20 世纪 80 年代中期国外信息资源管理理论的引入并融入我国官方互联网,信息资源的创建已成为信息学理论研究的课题和信息研究所的工作内容。

(二)图书馆界对信息资源建设概念的理解

图书馆界认为,资源是人类收集、开发和组织的各种媒体信息的有机集合。这意味着数据源既包括与产品相关的文档数据资源,也包括与产品无关的数字信息资源。所谓信息资源的创建,是指图书馆根据用户的类型、任务和需求,系统地规划、选择、收集和组织各种信息资源的整个过程和所有活动,建立具有特定功能的信息资源系统。

二、信息资源建设的基本任务

现代信息资源建设可分为宏观和微观两个不同层次,下面分别进行讨论。

（一）宏观层次的信息资源建设

宏观层面的信息资源创造是一项战略性建设。通常,相关政府部门会使用必要的经济、法律和行政手段,并在宏观层面应用国家相关的指导方针、规则和法规来组织和协调信息的生产、开发和使用,确保信息在符合宏观管理目标、不损害国家信息主权和指导方针的前提下得到最有意义和最高效的开发。因此,数据安全是宏观层面的主要任务。

（1）研究和开发用于创建现代信息源的指南、手册、工作计划和策略,以便可以按照国家的单一方法组织现代信息资源的创建。信息资源可以与社会发展同步开发和利用,以满足人们经济社会发展的普遍需要。

（2）研究制定法律、法规、规章,创建现代信息资源,建立管理体系,保障现代信息资源建设。依法依规设计现代信息资源建设,使信息的生产和发展得到最充分、快速、高效的利用。

（3）在领域、层次和制度上广泛运用经济、法律和行政手段,明确自己的责任、权益;在平等互利的基础上开发和利用现代信息资源,共同创造和共享资源。

（4）建设国家信息网络基础设施,为现代信息资源的创建提供特殊的硬件环境。

（二）微观层次的信息资源建设

微观层次的现代信息建设一般指的是信息机构、大专院校、政府各部门、企业、农村等基层具体组织负责实施的单位。其主要任务是根据所面向对象的各类人员对信息的需求,合理组织和开发利用现代信息资源,向他们提供有价值的现代信息资源。因此,微观层次的基本任务是：

（1）调查了解所面向对象人员对信息需求的情况,研究制定现代信息资源建设方案,以最大限度地满足不同人员的信息需求。

（2）选择适用信息技术,建设内部信息系统和网络,确定信息加工处理、存贮、检索,使得内部信息得到支撑与保障。

（3）对现代信息资源建设的成效进行评价,为改善现代信息资源的建设和开发利用提供依据。

三、信息资源建设的影响因素

　　资源是人类在认识世界和改变世界的过程中积累起来的财富。信息资源创造是人类选择、收集、组织和开发信息资源的社会活动,此类活动受政治、经济、文化、技术和其他因素的影响和限制。尤其是过去几年,信息技术的飞速发展和政治、经济、文化和技术的深刻变革,对图书馆信息资源的创造产生了巨大的影响。

网上图书馆

（一）政治因素

　　图书馆信息资源建设是图书馆选择、收集、组织、布局、开发和利用信息资源的社会性活动,必然受到国家政策的影响。国家政策对图书馆信息资源建设有着重要的指导和调节作用,图书馆在信息资源建设过程中必须认真贯彻落实国家的相关政策。

　　1.落实科学发展观要求,把国民经济信息化作为战略重点,把开发利用信息资源作为突破口

　　科学发展观是党和政府从我国新的实际出发提出来的重大战略决策。科学发展观的核心之一就是转变经济增长方式,把经济建设从主要依赖于自然资源的消耗转移到科技进步和提高劳动者素质的轨道上来,

从而实现社会的可持续发展。要实现这一目标，人们必须充分掌握有关信息。

对信息资源开发利用的重点是对图书馆信息资源的开发利用。通过开发利用，激活图书馆信息资源体系中蕴藏的知识信息，提高劳动者的素质，创造更多的社会财富。这些正是科学发展观的要求所在。

2. 建设国家创新体系要求，把信息资源建设作为核心，不断提高国家自主创新能力

面对知识经济的迅猛发展，世界各国正积极研究知识经济的规律与特点，制定适合本国发展实际的战略。我国构建的创新体系包括知识创新、技术创新、知识传播与知识应用四个系统。这四个系统无不与图书馆信息资源的建设与利用有着密切的关系，具体体现在如下三个方面：

（1）图书馆是人类知识的宝库，不仅能提供已有的知识与信息，还能够对信息资源进行深层加工，为知识创新与技术创新提供专职增值的信息与知识。

（2）图书馆通过对知识信息的选择、收集、组织、加工，使无序信息变得有序，使同化信息知识得以活化，并通过网络通信技术实现信息的跨时空传播，为提高广大群众的科学知识素养创造有利条件。

（3）图书馆还针对市场与用户需求开发出一些新的信息产品，通过科技咨询、科技转让等活动将科技成果推向市场，促进社会经济的发展。

总之，国家为促进自主创新体系建设推行的各种政策，既为信息资源建设创造了有利的条件，也对信息资源建设提出了更高的要求。图书馆必须将信息资源建设作为一项重要工作内容，为国家自主创新能力的提高贡献力量。

3. 注重信息资源建设，推进国家教育事业发展

实施面向21世纪教育振兴行动计划，需要把信息资源建设作为重点，不断推进国家教育事业的发展。为了全面推进教育的改革与发展，提高全民族的素质与创新能力，图书馆作为社会重要的文化教育机构在执行21世纪教育振兴行动计划时应当发挥其应有的作用。因此，《面向21世纪教育振兴行动计划》的实施为图书馆信息资源建设带来了一次难得的机遇，为图书馆信息资源的丰富发展提供了重要的动力。

（二）经济因素

经济作为社会发展的基础，也是影响信息资源建设的最为基础的因素。目前，我们所处的时代正是知识经济迅速发展的时代，知识经济的发展必然会影响到图书馆，具体体现在以下几个方面。

1. 知识经济致使图书馆用户的信息需求呈现多元化

在知识经济时代，知识与信息成为社会发展的重要驱动力，人们对知识与信息的关注程度和需求必然增强，社会各阶层都表现出对知识信息强烈的需求愿望。同时，知识经济时代是知识、技术与经济密切联系、相互结合的时代，这使得新的学科不断涌现，学科之间的渗透与融合越来越明显。为了适应这种变化，人们更加需要内容全面、来源广泛的知识信息，以满足工作和学习的需要。此外，随着信息技术与网络技术的发展，知识经济不仅是学习经济、创新经济，更是网络经济。人们对知识、信息载体的需求也不仅仅局限于传统的印刷型文献，而更多地表现为对数字信息、网络信息的需求，希望通过便捷的信息通道获取有价值的信息内存，从而进行广泛的信息交流，增强自身的竞争能力。

2. 知识经济致使图书馆作为知识信息载体集散中心的地位更加突出

人们对知识和信息的需求是对来自服务提供者的某些类型的知识和信息的需求。应该指出的是，现代社会对知识和信息的需求正在增加，需要越来越多的社会信息部门。在获取知识和信息源方面，与其他数据部门相比，图书馆是知识和信息的收集和传播机构。因此，图书馆应更加重视信息资源的收集和积累。只有这样，我们才能满足知识经济中对知识和信息快速增长的需求。

3. 知识经济致使图书馆资源结构必须依据知识信息需求的变化而进行适当调整

在知识经济时代，知识与信息成为驱动经济发展的主要动力，社会信息需求急剧增加。这就要求图书馆应当根据社会发展的需要，协调各学科信息资源收藏结构和比例，以适应多元化的信息需求。同时，不同层次、不同类型的用户所需要的信息资源在类型、内容上都会存在很多不同之处，这就必须根据信息资源内容的深浅层次划分出不同层次的收藏级别，建立合理的馆藏信息资源结构。此外，图书馆在信息资源建设中要合理安排不同类型的信息资源载体的比例,重视数字信息资源的组织与建设,并针对纸质文献、电子文献、网络数据库等多元信息载体并存的现实,对各种信息载体内容进行整合,以构建多种信息资源载体共存互补的信息资源体系。

（三）文化因素

文化是一个国家和民族的灵魂,体现了一个国家和民族的精神与品格。当前,随着文化地位的提升,文化与政治、经济、科技的结合日益密切,特别是互联网的发展进一步促进了文化的繁荣与发展,对新时期图书馆信息资源的建设产生重大影响。

1. 推进社会主义文化大发展大繁荣的方针,为图书馆信息资源建设提供了更为广阔的发展空间

改革开放以来,党和政府就高度重视社会主义文化的繁荣与发展,制定了一系列重要的方针政策。近年来,国家对图书馆信息资源建设的投入也快速增加,且每年都在以较大数值增长。因此,国家繁荣和发展社会主义文化的方针政策既给图书馆信息资源建设提供了基本依据和重要环境,同时也为图书馆信息资源建设带来了无限生机。

2. 文献出版事业的发展为图书馆信息资源建设打下了更加坚实的基础

所谓文献出版就是指运用社会化生产工具将人们智力劳动的成果,通过标准化、批量化的制作转化为社会产品的活动。目前,在现代网络信息环境中,虽然各种非纸质的信息载体大量涌现,已成为图书馆信息资源结构中不可或缺的组成部分,但对大多数图书馆而言,传统的印刷型文献仍然是信息资源体系的主体部分,是图书馆信息资源建设的物质基础和源泉。因此,文献出版发行情况是影响图书馆信息资源建设的重要因素。

近年来,随着我国经济、文化、科学、教育事业的发展,我国的出版发行事业也有了较大的发展,例如:出版业规模不断扩大,文献出版数量持续增长;数字化带动传统出版业的现代化,使图书出版的效率与质量都大大提高;我国出版行业进行了深入的体制改革,构建了多元化的流通渠道。这些发展都为图书馆信息资源的采集与积累提供了更大的选择空间。但与此同时,文献出版业的发展也为图书馆信息资源建设带来了巨大挑战。例如,文献来源广泛而丰富使文献选择难度加大;文献

发行渠道多而无序使文献采集盲目性增大；文献出版形式多种多样使文献采集质量难以控制。因此，图书馆一定要把握好文献出版事业的发展给信息资源建设带来的机遇与挑战，夯实好图书馆信息资源建设的基础。

3. 网络书店的兴起为图书馆信息资源建设注入了更为新鲜的活力

近年来，网络书店发展迅速，图书馆文献采访人员在了解文献相关信息的基础上，只需在电脑面前轻按动鼠标便可以访问世界各地的网络书店。网络书店改变了文献信息资源采集的工作模式与规则，这种文献获取方式与传统的手工操作不同，改变了图书馆采集的流程并提出了图书馆信息资源建设的新规则。

（四）技术因素

现代信息技术是指在计算机、通信技术和网络传输技术支持下完成的收集、获取、加工、传递和使用的各种技术。随着信息技术的不断发展与应用，图书馆信息资源建设不可避免地受到了信息技术进步所带来的根本性的影响与冲击。

1. 现代信息技术的发展促使图书馆信息资源结构更加完整

信息资源结构是指信息资源系统的结构。它反映了图书馆信息资源系统不同部分的关系和组织，明确了信息资源系统各项功能的具体用途。建立适当的信息资源结构是图书馆信息资源建设的重要组成部分。通常情况下，图书馆的信息资源系统是一个强制性的知识信息系统，包括五个层次：文献的学科结构、等级结构、时间结构、文种结构和文献类型结构。随着现代信息技术的发展以及电子出版物和网络信息数量的迅速增加，它对图书馆传统信息资源系统的结构和图书馆提供的信息资源供使用和服务产生重大影响，不再局限于拥有的实体文献馆藏图书馆，而专注于电子文档、数据库和网络信息等虚拟数字资源的收集、组织、开发和使用。实现传统文献信息资源和数字信息资源在图书馆信息资源结构上的有机整合。

2. 现代信息技术的发展促使图书馆信息资源获取方式更加便捷

信息技术的发展使图书馆文献信息资源与数字资源相互依存、互补。展馆图书馆不仅可以从众多面向读者需求的文学资源中进行选择，并创建独特的文字收藏系统,也可以参考从互联网上图书馆收集的各种资源,减少数据收集时间。因此,在现代信息技术条件下,图书馆不再需要使用传统的文献采购方式,还要获得拥有和使用必要的电子和网络信息的权利。这大大提高了图书馆信息的可访问性。

四、信息资源建设的主要内容

(一)信息资源的体系规划

什么是信息资源体系?简单来说,它其实是一种有机系统。信息资源是含有诸多不同要素的,这些要素与要素间有着千丝万缕的联系,当它们相互影响并发生作用时,就会产生一些特定功能,这便形成了一个完整的信息资源体系。

信息资源体系自有其功能要求,而所谓的信息资源体系规划,就是根据这些要求来构建这一体系的框架,设计其结构。需要注意的是,相关人员在设计信息资源体系的结构时,不仅要着眼于宏观结构,还要兼顾微观结构。

站在微观角度上,图书馆工作人员要结合现实条件去确定信息资源建设的原则,在分析读者需求的基础上去确定文档、信息收集的范围和重点,制定本馆信息资源采集政策,使整个文献信息资源形成重点突出、有特色的多元化的信息资源体系。

在宏观层面上,还要与本地区、本系统的文献信息资源建设相适应,与本地区、本系统的图书情报服务机构协作、协调,统筹规划本地区、本系统文献信息资源的收集、组织、贮存、书目报道、传递利用,从而形成相互依存、相互联系的整体化、综合化的信息资源体系。

(二)信息资源的选择与采集

信息资源的选择与采集是信息资源建设的基础工作,信息资源的选择与采集工作包括以下几个方面。

1.印刷型文献

如何确定印刷型文献的采集范围,并从中选择最有价值的文献?相关工作人员要在明确信息资源选择与采集的原则、范围、重点等基础上,创造更多渠道,利用各种方式去采集有价值的文献。

2.电子出版物

如何选择与采集电子出版物?需要注意的是,很多人将这种电子出版物与那种通过网络渠道传播的电子信息资源混为一谈,这其实是错误的认知。这里提到的电子出版物虽然也是一种电子信息资源,但主要是在局域网络中镜像存储使用。为了满足读者的需求,相关工作人员需要通过各种渠道去收集更多电子出版物,完善电子出版物与图书馆其他类型出版物的一致性和完整性。

3.网络信息资源

在线内容包括付费订阅数据库、免费的网络内容等。在线数据库是在线图书馆可以通过合同和付款方式远程连接和使用的电子内容。

(三)网络信息资源的开发利用

互联网资源是巨大的。图书馆可以开发和组织起来,将这些在线资源变成他们自己的虚拟馆藏,遍布世界各地。这种类型的开发和组织涉及基于用户偏好在互联网上搜索、选择和收集资源,以及创建资源并将它们下载到图书馆或本地网络。这些类型的虚拟馆藏对于为图书馆和信息设施创建资源和信息服务至关重要。

互联网图书馆 3D

第四节 图书馆信息技术的发展及趋势研究

图书馆是收集、整理书籍和资料以供阅读和参考的组织。随着互联网和现代信息技术的飞速发展，网络信息变得越来越普遍，特别是由于互联网的广泛使用，人们获取有用信息和知识的能力不仅仅局限于图书馆的具体内容。

一、信息技术和图书馆信息技术

信息技术（IT 是信息技术）是指传感检测技术、通信技术、计算机技术和控制技术。

我们所熟知的图书馆传统的工作形式会随着社会的发展与进步逐步消失不见。图书馆及其固有的稳定性功能因数字革命而受到损害，这主要与通过全球网络创建和分发大量数字信息有关，在一定程度上改变了图书馆收集、组织和使用知识的功能。信息技术是图书馆所有这些变革背后的真正推动力，称为图书馆信息技术，它是一种用于处理数字视频、音频和其他数据的方法。

二、信息技术对图书馆的发展产生深远影响

在图书馆中使用信息技术分三个步骤进行。

初始阶段代表图书馆自动化的发展阶段。这个阶段引入了一个集成的图书馆管理计算机系统来自动化传统图书馆服务的计算，如购买、交易和借阅，但可以使用搜索引擎来查找位置。

第二阶段，图书馆自动化将转向在线电子文档信息服务。随着现代信息技术的发展和电子网络出版物的发展，图书馆馆藏的结构发生了巨大变化，图书馆已从传统的实体馆藏演变为实体馆藏的混合体。电子馆藏和虚拟馆藏、计算机和网络技术极大地促进了图书馆的数字化发展。计算机已成为图书馆不可或缺的设备。

图书馆使用自己的自动化集成，构建自己的内部网络和信息网络环境，例如，读者可以直接从他们的计算机上获取图书馆资源馆藏信息。这样可以节省时间，并利用系统强大的对账功能，提高效率，或者可以

在线预订图书馆信息管理、图书修复、新书发行等；图书馆的信息网络可以提供专门用于协作在线访谈的文字资源。与传统的人工管理相比，信息技术的使用极大地改善了图书馆管理。

图书馆现代信息技术发展的高级阶段——数字图书馆阶段。数字图书馆具有文献信息数字化、系统平台开放化、资源共享网络化、读者服务多样化、使用方便高效等特征。

三、信息技术推动图书馆服务模式多样性

（一）信息资源建设引进

如何加快图书馆信息提供的速度，并拓宽其渠道？现代信息技术的发展是关键。随着信息技术的介入，图书馆馆藏的传统结构被一点点瓦解、融合、重建，而电子馆藏和虚拟网络馆藏的加入，也使现今的图书馆馆藏呈现出浓浓的现代化特色。先进的信息技术同时改变了传统图书馆的运营模式，使后者变得更开放、更依赖网络的数据服务模式。

（二）信息资源整合

图书馆是拥有大量文档的文档信息中心。除了传统的纸质文件外，互联网上还有许多电子和虚拟馆藏，如中外全文数据库、电影和视频资料以及可远程访问的网络数据库。图书馆应系统地组织其信息资源并整合这些优质资源，以便读者能够轻松高效地使用它们。

（三）信息检索功能强大

读者进入图书馆的目的是搜索文献信息。查找纸质文件，读者可以使用 OPAL 系统进行搜索；查找数据库资源，读者要进入相应的数据库进行检索。

第七章

数字图书馆管理研究

　　数字图书馆最显著的特点是图文并茂,其处理和存储文件的主要方式是运用数字技术,它以多媒体为基础,是一种分布式信息系统,使用数字技术存储来自不同服务提供商和不同地区的数据。数字图书馆是一个庞大的可无限延展的知识网络,它依赖于良好的网络环境,依赖于所有用户的共同创造和共享。与现实中的图书馆不同的是,它是虚拟的,没有围墙。它分布广泛,使用方便,不受时间和空间的限制,并且可以成为连接数据库的知识中心。

第一节　数字图书馆概述

一、数字图书馆的概念

数字图书馆是随着计算机网络技术的发展而产生的一种信息图书馆、数据库技术和多媒体技术。用通俗的话来讲,数字图书馆其实就是一种现代信息系统,相比传统信息系统,区别在于数字图书馆用来收集、存储、检索信息的是先进的数字技术和计算机网络技术。

这不是图书馆的数字概念或功能,也不是用于数字化的自动化工具和基于印刷服务提供商文档开发的简单网络。图书馆资源的自动化、网络化和数字化是从现代图书馆向数字图书馆过渡的必要步骤。数字图书馆是利用现代计算机技术建立的超大数据服务系统、网络技术和多媒体技术。基于大型分布式数字资源库,以最大化用户的个人需求为目标。在高速发展的信息时代,数字图书馆的出现能极大地满足人们精神文化方面的需求。

数字图书馆是科学技术迅猛发展的产物之一。简而言之,数字图书馆与任何新的社交活动一样,是具有广泛媒体内容的数字资源,能最大化精简、优化用户搜索流程,为用户提供优质服务。数字图书馆使用图书馆资源分配模型,使用计算机网络和其他高科技技术去组建一张能覆盖全球的知识网络,而其利用先进的数据提取技术又能帮助用户及时捕捉到自己需要的信息。

分析数字图书馆的具体定义,会发现它涉及两个方面的内容,即数字化图书馆和数字图书馆系统。前者指的是纸质图书向数字图书转变的过程,即纸质向电子化的转变过程;后者指的是电子版图书的存储、交换、流通的场所与流程。

国际上很多组织及相关人员都在数字图书馆的创建上付出了很多努力,亦做出不少贡献,而国内的很多单位也逐渐意识到数字图书馆的珍贵之处,也积极投入到它的建设之中。

二、数字图书馆的基本特征

（一）信息资源数字化

在信息技术高速发展和网络通信技术无比发达的现代社会,通过数字图书馆,便能将传统纸质档案资料压缩处理,以数字信息的方式存储,以供人们浏览、翻阅、利用。

（二）信息传输网络化

数字图书馆使用互联网。它建立在具有高速计算能力的宽带网络上,具备高效率和高精度,这将把来自世界各地的图书馆与无数计算机结合起来,使数据服务和使用更加开放与标准。

（三）共享与共建

互联网上的数字图书馆可以借助四通八达的网络来互相传递与分享宝贵的数字馆藏和电子出版物,哪怕用户分散在天南地北,也能及时沟通,顺畅交流。数字图书馆的用户还能第一时间调动、使用分散在不同存储单元的数据资源,这些资源不仅体现了无限的跨区域、跨行业资源的性质,也体现了跨区域、跨界资源共建的合作。

（四）基于知识的提供

数字图书馆不仅提供手稿,还能通过分析和重组数据提供洞察力,创建满足用户需求的知识,帮助用户找到解决方案并提供知识产品的质量评估。

（五）数据实体的虚拟化

作为知识提供者,任何类型的文档都可以轻松数字化并在全球范围内发送。任何拥有电脑的人都可以在数字图书馆庞大的资源系统中享受分布在全球各个图书馆的论文资源。

（六）信息资源管理自动化

与传统图书馆相比。数字图书馆与传统图书馆最根本的区别在于数字图书馆可以从传统的手动或半自动操作到全自动操作。

三、数字图书馆产生背景

人类社会不断向前发展,整个社会形态越发成熟,我们明显可以感觉到,每天接触到的信息量丰富而繁杂。传统形式的图书馆只能存储一定量的信息,传播范围也比较窄,而数字图书馆却有着无限的信息存储空间和四通八达的传播渠道。

数字图书馆是电子知识数据库,可以以各种格式存储大量数据。用户可以轻松地通过网络访问信息,信息存储和访问不限于地理区域。

随着信息时代的来临,传统图书馆必须向着数字图书馆的方向"进化",才能散发出强烈的时代特色,始终保有竞争力。在新时代的背景下,图书馆不仅发挥着传统功能,也提供越来越多的与人相关的服务,也会将数字图书馆的很多独特功能发挥得淋漓尽致。数字图书馆将成为信息、网络和数字化的共享和社会中心。

四、数字图书馆存在的主要问题

（一）浪费资源问题

许多图书馆正在努力创建数字图书馆。几年前由于缺乏周密的规划和协调,数字图书馆存在不同的标准,很难找到所有实体的利益协调一致的平衡点。同时,一些机构一味追求数字资源中的信息量,却不在意收藏质量,导致收藏的很多文档、资料缺乏深度,没有研究价值。国内很多高校只顾盲目创建自己的数字图书馆,彼此间却不展开合作,不进行信息的交融。每个数字图书馆的用户界面、搜索语言和管理系统都有着很大的差别,无法进行相互通信和应用,这就造成了很多信息资源、经济资源、劳动力和许多物质资源的浪费。

（二）技术挑战

今天数字图书馆面临的存储空间和设计远远超过传统图书馆。相关技术包括数字技术、超大型数据库技术、网络技术、多媒体计算技术、数据库分析处理技术、数据恢复技术、理解自然语言等，解决这些技术问题是首要任务，也是最难创造的任务。

（三）知识产权问题

数字图书馆的计算、整理、复制、翻译、使用和分发都是在计算机网络环境中进行的。由于存在大量的在线数据流，因而不可避免地破坏了传统版权保护的原始性和瞬时性。这是一个不可避免的知识产权问题，也是建立电子图书馆最重要的法律问题之一。没有严格的法律法规，互联网就无法有效发展。

如何保护作者的知识产权，结合文化和技术进步符合数字图书馆服务更多人的理念和性质，是数字图书馆发展的一个挑战。同时，网络数据的异质性给保护知识产权的传统安全和执法法律带来了问题。

（四）建设资金问题

数字图书馆建设是一项庞大的、系统的、长期的工程，需要硬件和软件资源的获取。网络布线项目、个人培训、数字资源的提升、馆藏等的任何数字化都需要足够的财力来支持，但资金不足是影响图书馆发展的长期问题。书籍和出版物的价格飞涨，使得许多拥有纸质文件的图书馆难以维持基本的购买资金，商业教育、学术研究以及数字图书馆的建设更是难上加难。

（五）信息安全问题

数字图书馆的特点之一是信息资源的数字化，并且数字存储的数据极易受到外部干扰和损坏。例如，不可抗力和自然影响、人为破坏，尤其是计算机病毒的入侵，会对整个信息资源系统造成巨大的破坏。自己的技术问题和管理技术问题会损坏资源，还有法律问题、产权问题、重大问题、阅读问题，都需要改正。

第二节　数字图书馆信息资料的来源与管理

一、信息资源的种类

按载体材料和存储技术可分为以下几种：

①印刷型信息资源：使用纸张作为媒体，使用各种打印技术在纸上存储文本和图像。易于阅读和分发，密度低，难以自动化处理。

②缩微型信息资源：鼓励使用光敏材料，使用光学缩微技术在感光材料上记录文字和图像。存储密度高，易于采集和读取，设备成本高。

③声像型信息资源：磁光记录技术以磁光材料为介质，记录高密度的声音和图像。内容通俗易懂，表达清晰明确，需要阅读设备。

④数字化信息资源：计算机和存储技术文本、图片、音频和视频被数字化。高密度光磁盘网络介质等，读取速度快，传输距离远。

按加工深度划分以下几种：

①零次信息：记录在案的信息的预先存在水平是正在进行的研究，可能比已发表的工作具有更大的价值，这可以填补某些高科技领域文献中的空白。

②一次信息：本人研究成果的创作和发表，并直接用于检索使用中的重要对象。

③二次信息：对一次信息整理加工提炼和压缩之后得到的信息，便于管理大量分散无序的一次信息的工具性信息，又称二手资料。

④三次信息：根据特定的目的和需要，在广泛使用相关一、二级信息的基础上的三级信息，综合分析提取相关信息和知识，以现有数据和知识为基础进行增值。其特点是综合参考值高，一致性好。

二、信息资源采集方式

（一）购买方式与非购买方式

常规购买方式，如订购、预订、赊购。

常规非购买方式，如呈缴、捐赠、无偿调拨、无偿征集等。

其他方式(包括混合方式、中间方式、特殊方式),如购买使用权(租借)、竞拍,交换,附购性呈缴、有偿调拨、有偿征集,复制、自行制作。

(二)两组并列性的采购方式

在购买方式和非购买方式(常规购买方式、常规非购买方式、其他方式)之外是否还有其他平行购买方法?答案必须是肯定的。就目前和预期的较长时期而言,图书馆的文献采购同时分为集体采购和特购,包括在公共采购和内部采购中。

三、数字图书馆信息资源管理

(一)建立、健全协调机制

图书馆应建立全国统一的协调机构。动员社会各界力量,在政策调控和宏观调控方面得到政府部门的支持。借助信息产业和科研院所的建议,与软件厂商和供应商充分合作,开发本地的数字图书馆资源,以达到预期的效果。使用协作策略可以避免浪费资源和创建重复项,同时避免因规范和标准不一致而造成混淆。

(二)加强人才的培养与引进

数字图书馆的发展依赖于人才,对于人才的选拔、培养与引进应成为日常工作的重点之一。数字图书馆要保证其人力资源是丰富的、多层次的,并制定科学合理、契合实际的人才培养计划,帮助形成一批拥有专业素质和人文素养的信息资源管理专家。除了必要的计算机学习和外语技能,还要掌握本学科的最新信息,使图书馆工作人员成为信息向导。

(三)加强数据库建设

建立数据库是数字图书馆的核心部分。数字图书馆决策者应谨慎购买资源,并以积极的心态构建数据库。应有综合规划部门,统筹协调数据库结构的发展,如建立数据库指挥中心、图书馆大型网络平台等,并且可以通过网络平台联系图书馆,为数字资源提供存储和访问接口。

以大、中、小型图书馆为重点建设工作,按计划开发自己的特色数据库,最终实现跨学科、多功能数据库的通用化。创建一个非常大的数字信息资源库,价格低廉。高效分配资源,提高图书馆数据库和数据检索的效率。

（四）确保数字资源的安全

如何提高数字图书馆信息化资源的安全性是一个值得关注的问题,尤其是在数字文档存储管理的过程中,由于各种原因,很容易造成数字资源的外泄。首先,需要将注意力集中于系统的加密等问题上,如安装防火墙。其次,可以运行诊断程序去检测系统是否存在危险因素。另外,为了防止当前系统突然出现问题导致之前的存储毁于一旦,可以采取备份系统等应急措施,这样便能保证数字资产可以长期安全存储。

（五）做好设施服务建设

一要建立四通八达的网络通道去连接各个数字图书馆。这一过程中,最关键的问题在于如何保证数据、信息的稳定传输,毕竟每时每刻,这一网络通道上都会聚集数量庞大的多媒体数据,如果不够稳定,就无法保障这些数据能以最快的速度去进行交换和传输。因此,应该考虑更换服务器,选择快速高效的设备,通过专注于设备模块来促进扩展。

二是操作系统必须选择功能齐全的产品去满足不断增长的存储和带宽需求,毕竟我们身边的信息每天都在爆炸式递增,如果信息存储的空间不够,或无法达到理想中的传播速度,就会极大地削弱数字图书馆的价值。另外,还要注意图书馆电子阅览室的环境建设,改善硬件措施,调节室内温度,为阅览者提供舒畅随意、轻松自然的氛围。

（六）加强数字图书馆知识产权保护

目前,我国在文字、文献版权方面的相关法律法规还不完善,图书馆作为人类社会发展的"智慧库",应该参与到修改、完善"版权法"的过程中去,并发挥积极的作用。通过参与我国《著作权法》的修改等活动,我们应该寻找有助于创建数字图书馆资源的法律条款。在公益服务方面,主张扩大合理使用的范围,使版权可以在新的数字和网络环境中为公众服务。

舒适的图书馆一角

网络环境中的数字数据可以快速、轻松地复制,这导致了版权保护的一些问题,因此,对此类信息的技术保护必不可少。当今最常见的技术措施是访问控制技术、数据加密技术、数字水印技术、信息验证技术等。这些技术无疑为人们创造出了一道安全屏障,要知道网络环境是很复杂的,可能存在各种各样的危险因素,而利用这些技术,却能有效过滤、阻隔这些危险因素,使得档案利用者能更安全地浏览数字信息及文档,有些珍贵的数字信息及文档在这些技术的保护下也很难被私自盗用、窃取。除了技术方法,相关法律法规还有待完善。相关人员要加强图书馆之间的联系,增进其相互间的合作,加强数字图书馆资源创建中的知识产权保护。

（七）建立统一的分类、索引及检索标准

分类和索引是数据提取的基础,以实现对后期发展的可扩展性和快速识别,因此,必须建立相同的分类标准。不同类型的数据,如文本数据、图像数据、视频数据和音频,需要在各种高级检索技术中进行不同的定义,包括中文数据提取、图像提取、音频提取和智能提取,提高以数字格式检索信息的准确性和便利性。

第三节 数字图书馆信息服务模式研究

一、传统服务模式

传统服务模式是藏与用相结合的模式。从服务方式来划分,有外借服务、阅览服务、馆际互借、复制服务等。

传统服务模式从文献的级次来划分,可分为:

一次文献服务:主要是满足读者对整本书刊的外借、阅览等需要。

二次文献服务:通常,读者收集、提取和报告特定的文献数据,以满足读者对用于学术研究的二级文献的需求。

三次文献服务:根据集体或个人的需要,收集和过滤科学研究中重要和热门话题的相关文献进行技术研究或管理层的决策,以及经过分析、综合、定位和推理等一系列研究后,提出具有重要情报价值的三次文献。[1]

二、自动化服务模式

数字图书馆的创建离不开各种先进技术的发展,自动化是其最大的特点之一。数字图书馆的使用是自动化的,相关借阅、收藏、检索服务等也是自动化的,甚至其内部管理一般情况下都不需要人为介入。

第一种也是最常见的自动化服务方法是公共图书馆搜索服务。在线数据库搜索或检索服务 CD-ROM 删除数据库搜索服务、文件传递服务等,自动化流转的使用得到了极大的改善。随着人类社会不断向前进步,信息技术也从未停下发展的脚步,这也带动了数字图书馆服务体验的发展。目前,数字图书馆的自动化服务模式包括以下几种:

(一)集成化服务

集成化服务包括文本、曲目、视频、音频、软盘、CD-ROM 和其他资源。根据特定主题或特定用户的一般需求组合在一起,这超出了传统图

---

[1] 杨静,景玉枝.数字图书馆服务与管理[M].呼和浩特:内蒙古科学技术出版社,2016.

书馆的馆藏条件和技术可行性。原始文档被信息产品用户搜索、购买后，数字图书馆要对用户感兴趣的内容进行全面而深入的分析，经过一系列的准备后，再为用户提供契合其需求的内容。综合信息服务分为三个层次：信息资源整合，数据内容集成识别，数据提取、筛选、分析、处理和交付之间的联系，实现各种服务方式的集成的信息技术集成。

（二）一体化服务

传统图书馆提供服务的方式我们都很熟悉，它一般分为几个服务部门，以满足人们不同的需求。比如，有的人需要外借书籍和杂志，这时候就需要求助外借部门的工作人员；有的人需要借阅期刊，便可以向期刊部门的工作人员寻求帮助；有的人需要询问一些问题时，便可以前往咨询部门寻求解答与建议。传统图书馆部门与部门间的职责划分得很清晰，大家各司其事，看似效率很高，然而，当用户需要在图书馆进行多项操作时，往往会经历一些意想不到的挫折，只因这些部门间大都缺乏协调。数字图书馆却能满足人们同时进行多项操作的需求，提供便利的综合服务。它包括数据检索、数据准备、数据传输、全文检索、下载信息等，以便用户可以在一个地方获取该信息，极大地方便用户的综合服务是理想的信息服务方式，提供综合服务，打造综合服务理念、实现横向整合、内外整合、资源共享，满足用户需求。

（三）个性化服务

它旨在为每个用户的信息需求提供特定和有针对性的服务。数字图书馆根据用户数据需求过滤和重新定向数据，以获得用户最需要的资源，并提供一个全文文档，然后将必要的信息发送给用户，传输数据、电子邮件、推送数据、个人网页等。

（四）精品服务

图书馆越来越注重改进和处理信息，这将增加信息的深度和更多的知识。优质的信息服务是由信息的内在质量保证的，提供优质的资源、发展优质服务必须从内容入手，提高信息服务产品的内容、知识和内在质量。优质服务分为三个层次：从海量数据中选出最好的产品；数据集中且浓缩；综合分析所有数据，提取对用户有用的知识和信息。

三、数字时代图书馆服务模式

数字时代的图书馆服务模式主要有以下几种：

（一）图书馆主页服务

当前图书馆网站的内容主要包括：图书馆概况、机构框架、馆藏结构、服务内容、书目搜索、新书展示、电子信息搜索、网络信息导航等。国外的图书馆网站还包括：工作时间表、工作流程、新闻稿、互联网相关资源的链接以及网络导航。

通过图书馆网站，用户可以查看属于图书馆的各种资源和服务内容和服务方式。他们还可以链接到国外主要图书馆的网站，向用户展示获取资源的范围和方式。图书馆网站有五个要求：友好、方便的界面；允许用户访问网站并使用各种服务元素；在网站上更轻松地将杂志信息和图片等快速传递；有各种具有多个访问点和高级数据处理和分析系统的搜索引擎；图书馆员可以帮助用户查找资源或回答问题。

中国国家图书馆主页

（二）专题信息导航服务

图书馆使用不同的搜索引擎，以集成特定主题或互联网上的主题的节点。这允许用户根据提取原理简单地分配相关资源，并引导用户查找和使用名为专题导航服务的综合信息服务系统。创建专业的资源导航数据库可以帮助用户节省寻找线索的时间。通过这种方式，用户可以获取有关自己的信息并有效地使用在线资源。

（三）信息推送服务

用户在特定的数字图书馆注册一个账户并提交他们选择的主题。创建和满足数据需求的专业知识水平、截止日期、搜索词和搜索策略。图书馆根据所选用户的主题和需求，通过固定渠道主动向用户提供在线资源。一段时间内或根据科学技术的新进展、新成果、新情况信息，利用计算机信息传播技术，通过多种方式将要服务的信息内容发送给用户。

参考文献

[1] 白广思.现代图书馆信息管理与检索技术 [M].乌鲁木齐：新疆大学出版社,1997.

[2] 曹作华.图书馆信息资源建设与评价 [M].徐州：中国矿业大学出版社,2003.

[3] 程发良,陈伟.信息资源检索 [M].北京：化学工业出版社,2009.

[4] 程焕文,潘燕桃.信息资源管理的理论与实践 [M].广州：中山大学出版社,2008.

[5] 迟玉华.大学图书馆知识导航体系的构建与管理 [M].北京：科学出版社,2008.

[6] 单行.图书馆管理 [M].郑州：河南大学出版社,1991.

[7] 董晓莉.图书馆数字资源保护与服务研究 [M].北京：中国书籍出版社,2016.

[8] 段明莲,沈正华.数字时代的图书馆信息资源组织 [M].北京：北京图书馆出版社,2006.

[9] 方敏.图书馆人文管理 [M].哈尔滨：黑龙江人民出版社,2008.

[10] 奉国和.数字图书馆 [M].北京：北京大学出版社,2013.

[11] 福鲁明.图书馆的组织与管理 [M].北京：书目文献出版社,1985.

[12] 傅正.现代图书馆学 [M].合肥：安徽大学出版社,2005.

[13] 过仕明,杨晓秋.数字图书馆概论 [M].哈尔滨：黑龙江科学技术出版社,2006.

[14] 贾宏.数字图书馆技术应用研究 [M].沈阳：白山出版社,2011.

[15] 柯平.图书馆知识管理研究 [M].北京：北京图书馆出版社,2006.

[16] 李培．数字图书馆原理及应用 [M].北京：高等教育出版社，2004.

[17] 李永钢．图书馆管理与阅读服务创新 [M].北京：中国纺织出版社，2017.

[18] 林雅萍．图书馆数字化管理 [M].上海：上海辞书出版社，2008.

[19] 刘传和，陈界．图书馆知识管理与实践 [M].北京：海洋出版社，2007.

[20] 刘贵琴．图书馆知识管理 [M].安徽：安徽大学出版社，2007.

[21] 刘金玲．现代图书馆开放服务与管理 [M].成都：四川大学出版社，2012.

[22] 刘荣．图书馆信息服务与管理 [M].北京：北京图书馆出版社，2002.

[23] 马春燕．数字信息资源开发与建设 [M].北京：经济管理出版社，2009.

[24] 裴成发．信息资源管理 [M].北京：科学出版社，2008.

[25] 任吉刚，李晓红．信息资源建设与服务 [M].呼和浩特：内蒙古大学出版社，2009.

[26] 盛小平．图书馆知识管理引论 [M].北京：海洋出版社，2007.

[27] 石向实，刘晨．图书馆知识管理 [M].杭州：浙江大学图书馆，2006.

[28] 孙立凯．图书馆质量管理体系的建立与维护 [M].合肥：安徽科学技术出版社，2016.

[29] 孙长怡．数字图书馆信息资源建设 [M].沈阳：辽宁大学出版社，2009.

[30] 滕立新．图书馆建设与管理研究 [M].北京：军事谊文出版社，2010.

[31] 王超湘．现代图书馆与信息资源共建共享导论(上、中、下)[M].北京：北京燕山出版社，2004.

[32] 王力军．图书馆建设与管理丛论 [M].北京：中国地图出版社，2013.

[33] 王宁，吕新红，哈森．图书馆管理与阅读服务 [M].北京：光明日报出版社，2016.

[34] 王世伟. 图书馆管理与服务论丛 [M]. 上海：上海社会科学院出版社, 2004.

[35] 王云娣. 数字信息资源的开发与利用研究 [M]. 武汉：武汉大学出版社, 2005.

[36] 肖希明. 数字信息资源建设与服务研究 [M]. 武汉：武汉大学出版社, 2008.

[37] 郑幸子. 图书馆管理与服务创新 [M]. 长春：吉林大学出版社, 2018.

[38] 朱华平, 高健. 图书馆学通论 [M]. 北京：中国文史出版社, 2003.

[39] 杨杰清. 现代图书馆管理实务 [M]. 北京：现代出版社, 2019.

[40] 福鲁明. 图书馆的组织与管理 [M]. 北京：书目文献出版社, 1985.

[41] 张存生. 图书馆建设 [M]. 北京：军事谊文出版社, 2009.

[42] 方敏. 图书馆人文管理 [M]. 哈尔滨：黑龙江人民出版社, 2008.

[43] 林雅萍. 图书馆数字化管理 [M]. 上海：上海辞书出版社, 2008.

[44] 尹振安. 图书馆经营管理概论 [M]. 吉林：吉林文史出版社, 2006.

[45] 方太强. 图书馆科学管理 [M]. 重庆：西南交通大学出版社, 2000.

[46] 白广思. 现代图书馆信息管理与检索技术 [M]. 新疆：新疆大学出版社, 1997.

[47] 徐国华. 管理学 [M]. 北京：清华大学出版社, 1998.

[48] 黄立军. 企业知识管理理论与方法 [M]. 厦门：厦门大学出版社, 2002.

[49] 李兴山. 现代管理学 [M]. 北京：中共中央党校出版社, 2002.

[50] 王世伟. 图书馆管理与服务论丛 [M]. 上海：上海社会科学院出版社, 2004.

[51] 单行. 高校图书馆管理 [M]. 郑州：河南大学出版社, 1991.

[52] 朱华平, 高健. 图书馆学通论 [M]. 北京：中国文史出版社, 2003.

[53] 苏那嘎．图书馆的管理 [M]. 北京：远方出版社, 2007.

[54] 蔡丽萍．图书馆管理新论 [M]. 北京：中国科学文化音像出版社, 2008.

[55] 杨伟真．图书馆经济学 [M]. 成都：成都出版社, 1991.

[56] 刘迅等．图书馆管理工作指南 [M]. 哈尔滨：东北工学院出版社, 1993.

[57] 黄玉英．图书馆管理与利用 [M]. 北京：中国经济出版社, 1993.

[58] 石伟．管理学概论 [M]. 北京：中国劳动出版社, 1998.

[59] 肖洪均．管理学 [M]. 大连：大连理工大学出版社, 1998.

[60] 杨海涛．比较管理学导论 [M]. 南昌：江西人民出版社, 1988.

[61] 谢灼华．中国图书馆和图书馆史 [M]. 武汉：武汉大学出版社, 1987.

[62] 黄宗忠．图书馆学导论 [M]. 武汉：武汉大学出版社, 1999.

[63] 林增铨．图书馆管理学概论 [M]. 南京：南京大学出版社, 1993.

[64] 石呈祥．图书馆学概论 [M]. 石家庄：河北大学出版社, 1996.

[65] 赵国庆．图书馆实用管理学 [M]. 北京：中国矿业大学出版社, 1993.

[66] 来新夏．理论图书馆学教程 [M]. 天津：南开大学出版社, 1996.

[67] 张兰霞．新管理理论丛林 [M]. 沈阳：辽宁人民出版社, 2001.

[68] 于鸣镝．图书馆管理学纲要 [M]. 沈阳：辽宁人民出版社, 1986.

[69] 潘寅生．图书馆管理工作 [M]. 北京：北京图书出版社, 2001.

[70] 汪克青．管理学 [M]. 大连：大连理工大学出版社, 2000.

[71] 刘爱荣．图书馆的未来 [M]. 北京：当代世界出版社, 1999.

[73] 夏萍．图书馆知识管理的主要内容及实施策略 [J]. 情报科学, 2003.

[74] 邓滨．图书馆知识管理与知识环境的构建 [J]. 图书馆建设, 2002.

[75] 盛小平．图书馆知识管理的基本问题 [J]. 图书馆理论与实践, 2004.

[76] 蔡忠兵．图书馆可持续发展路径探讨 [J]. 情报杂志, 2002.

[77] 尹传剑,吴青林.试论高校图书馆馆藏文献的剔旧工作 [J].江西图书馆学刊,2005,35（4）.

[78] 刘长凤,刘红.图书馆藏书剔除浅论 [J].徐州教育学院学报,2005,20（3）.

[79] 许大猷.关于藏书剔除工作的思考 [J].上海高校图书情报工作研究,2007（1）.

[80] 曾广文,冯文龙.浅议图书馆藏书的科学性 [J].成都大学学报（社科版）,1989（3）.

[81] 阎世竞.动态优化藏书结构,提高文献信息保障能力 [J].图书馆工作与研究,2007（5）.

[82] 王绪林.高校评估与图书馆文献资源建设 [J].科技信息,2007（3）.

[83] 杨肥生.论馆藏文献发展规划 [J].现代情报,2007（7）.

[84] 任似娅,王俊杰.试论合并后海洋高校图书馆的文献资源建设 [J].大学图书馆学报,2001（1）.

[85] 张瑞云.论信息技术革命对图书馆文献资源建设的影响 [J].四川图书馆学报,2007（2）.

[86] 白滨,范丽影,常永吉.高校图书馆应注意的问题 [J].图书馆建设,2002（2）.

[87] 季拥政.新时期高校图书馆藏书学科结构初探 [J].青海大学学报（自科版）,2000（2）.

[88] 王建华.图书馆文献采访信息源的探讨 [J].情报探索,2007（2）.

[89] 王昶.出好高质量的教材和专著——谈大学出版社的图书特色 [J].中国出版,1995（2）.

[90] 陈才俊.香港图书出版业的历史发展与现代启示 [J].学术研究,2004（9）.

[91] 陈玉琼.浅谈全国非邮发报刊联合征订的网上订购 [J].图书馆界,2000（3）.

[92] 曲娜.《外国报刊目录》第九版评价 [J].情报杂志,2001（10）.

[93] 刘丹.网络环境下期刊信息资源开发利用之实践[J].现代情报,2002（4）.

[94] 赵佩琴.浅论图书馆的藏书剔旧工作 [J].宁波高等专科学校学报,2002,14（1）.

[95] 周文骏.图书馆学情报学词典 [M].北京:书目文献出版社,1993.

[96] 李健宁.浅谈藏书剔旧 [J].龙岩师专学报,1999,17（4）.

[97] 杜晶.公共图书馆文化底蕴的培育 [J].图书馆学研究,2007(5).

[98] 张红.21 世纪的图书馆文化竞争 [J].图书馆论坛,2001（5）.

[99] 周迎杰.论图书馆文化的内涵及功能 [J].娄底师专学报,2002（2）.

[100] 何长青.图书馆文化:现象、方法与科学——兼论面向 21 世纪的图书馆文化模式 [J].山东图书馆季刊,1998（3）.

[101] 姚水林.论新时期的图书馆文化 [J].图书馆学刊,2001（1）.

[102] 蒋向红.图书馆文化建构刍议 [J].图书馆论坛,2000（4）.

[103] 何长青."以人为本"与图书馆文化 [J].山东图书馆季刊,1997（3）.

[104] 金明生.文化·图书馆文化·书文化考论 [J].科技情报开发与经济,2004（12）.

[105] 耿有三.网络文化与图书馆文化的融合、互补和竞争性 [J].现代情报,2005（5）.

[106] 荣翠琴.图书馆文化在校园文化建设中的重要作用 [J].四川图书馆学报,2005（6）.

[107] 张辉程.校园文化与图书馆文化建设 [J].廊坊师范学院学报,2004（4）.

[108] 高云霞,刘丽.论知识经济与图书馆人力资源管理改革 [J].图书馆工作与研究,2002（5）.

[109] 曾凡丽.21 世纪高校图书馆人力资源管理的特点及对策 [J].高校图书馆工作,2003（1）.

[110] 谭伟.论图书馆人力资源开发 [J].中国图书馆学报,2000(2)

[111] 黄秋红.关于我国图书馆人事管理改革若干问题的思考 [J].图书馆理论与实践,2003（1）.

[112] 李仲英.图书馆人力资源开发与管理的基础:工作分析与人员素质评价 [J].图书馆理论与实践,2004（1）.

[113] 赵国林等.高职院校图书馆人力资源管理中的测评研究 [J].图书馆理论与实践,2005（3）.

[114] 徐享王.从"木桶原理"谈图书馆员培训 [J].高校图书馆工作,2005（2）.

[115] 蒋文虹.在学习型组织中图书馆员的发展 [J].大学图书情报学刊,2004（4）.

[116] 陈艳飞.当代高校图书馆员的创新能力整合培养方向 [J].高校图书馆工作,2003（5）.

[117] 王晓丽.略谈高校图书馆工作人员职业素质教育训练 [J].河北科技图苑,2002（5）.

[118] 黄春燕.论知识经济时代图书馆的人才培养模式 [J].大学图书情报学刊,2000（4）.

[119] 何晓丽.高校图书管理人员职业生涯管理研究 [J].图书馆理论与实践,2005（6）.

[120] 杨帆.知识管理时代企业如何激励员工 [J].企业天地,2004（12）.

[121] 陈伶.论图书馆人力资源管理中的激励机制 [J].图书情报知识,2004（4）.

[122] 苗勇,李华明.基于需要层次论的图书馆激励机制研究 [J].医学情报工作,2005（1）.

[123] 刘贵勤.浅谈图书馆知识管理中的信任及其激励方法 [M].教育文献信息资源建设,2005,12.

[124] 刘贵勤.论图书馆管理中柔性激励的应用 [J].大学图书情报学刊,2006（2）.

[125] 李羽珍.图书馆人力资源管理模式探析 [J].图书馆学刊,2002 年增刊.

[126] 赖辉荣.绩效管理:图书馆人力资源管理的新视野 [J].大学图书情报学刊,2006（2）.

[127] 吴应华.图书馆人力资源的保障:职业资格认证制度 [J].图书馆理论与实践,2004（3）.

[128] 刘波涛.试论建立图书馆员的职业资格制度 [J].图书馆理论与实践,2004（3）.

[129] 刘微.关于图书馆职业资格制度的思考 [J]. 高校图书馆工作，2005（6）.

[130] 邓福泉.对高校图书馆人员结构合理性的研究 [J]. 图书馆建设,2006（1）.

[131] 王琼.图书馆岗位聘任与工作人员积极性的调动 [J]. 图书馆理论与实践,2005（2）.

[132] 罗晓.浅谈图书馆人力资源的合理组配与流动 [J]. 高校图书馆工作,2002（5）.

[133] 刘正怀,李文学.谈 21 世纪高校图书馆馆长 [J]. 情报杂志,2000（9）.

[134] 汤珊红.新世纪图书馆知识管理的特征、内容及相应的实现技术 [J]. 现代图书情报技术,2000（5）.

[135] 刘茂生.图书馆知识管理管见 [J]. 中国图书馆学报,2000(4).

[136] 姜永常.再论图书馆的知识管理及其实施策略 [J]. 图书馆,2001（1）.

[137] 周文荣.自由利用知识与图书馆知识管理 [J]. 图书情报知识,2001（3）.

[138] 彭国莉.西部大开发中高校图书馆知识管理策略 [J]. 图书馆理论与实践,2001（6）.

[139] 均平,沙勇忠,刘焕成.论数字图书馆的知识管理 [J]. 情报资料工作,2001（5）.

[140] 陈小玲.论数字图书馆的知识管理 [J]. 图书情报工作,2001（5）.

[141] 罗卓舟.现代化图书馆知识管理的特点及内容 [J]. 求实,2001（1）.

[142] 肖菲,罗艳玲.图书馆知识管理模式研究 [J]. 江西社会科学,2002（8）.

[143] 张福学.知识管理系统的设计思路与实现工具 [J]. 情报杂志,2002（3）.

[144] 张天俊,丁大可.论知识管理与数字图书馆信息资源建设的优化 [J]. 中国图书馆学报,2002（3）.

[145] 周军.知识管理系统下的知识仓库研究——概念与模型 [J]. 情报学报,2002（5）.

[146] 李国强. 知识仓库技术及其应用 [J]. 现代情报, 2002（6）.

[147] 解洪兰. 新世纪图书馆知识管理及创新机制的建立 [J]. 情报杂志, 2002（5）.

[148] 杜也力. 图书馆知识管理核心内容辨析 [J]. 情报杂志, 2002（9）.

[149] 杜也力. 建立"知识组织"与进行"知识组织"——谈图书馆知识管理的主要任务及其实现 [J]. 图书情报知识, 2002（6）.

[150] 李桂春. 论馆长的素质与修养 [J]. 情报科学, 2002（4）.

[151] 李桂春. 谈馆长的人格修养 [J]. 图书馆建设, 2002（1）.

[152] 魏来. 知识管理环境下图书馆员的定位 [J]. 图书馆学研究, 2002（2）.

[153] 蔡和凤·高校图书馆长素质的影响力 [J]. 河南图书馆学刊, 2002（6）.

[154] 徐建华, 付娇. 图书馆员的职业生涯开发与管理 [J]. 中国图书馆学报, 2003（1）.

[155] 董绍杰, 焦芳梅. 从知识管理的层面加强图书馆读者服务工作 [J]. 图书馆学研究, 2003（2）.

[156] 张敏勤. 网格：图书馆实现知识管理的新一代互联网技术 [J]. 图书馆杂志, 2003（2）.

[157] 李家清. 图书馆知识管理的特征及其实施策略 [J]. 图书情报知识, 2003（1）.

[158] 程文艳. 图书馆知识管理方案浅谈——论知识整合与知识联盟 [J]. 情报科学, 2003（4）.

[159] 夏萍. 图书馆知识管理的主要内容及实施措施 [J]. 情报科学, 2003（7）.

[160] 柯平. 知识管理在图书馆中的应用 [J]. 图书馆学研究, 2003（9）.

[161] 王晶. 图书馆人力资源管理 [J]. 情报资料工作, 2003（2）.

[162] 鲍玲. 试论图书馆知识管理 [J]. 新疆社科论坛, 2004（3）.

[163] 刘岩芳. 图书馆知识管理有效实施的相关因素研究 [J]. 情报杂志, 2004（8）.

[164] 莫莉蓉. 图书馆知识管理及其实施对策 [J]. 图书馆, 2004(6).

[165] 盛小平. 图书馆知识管理的基本问题 [J]. 图书馆理论与实践,

2004（3）.

[166] 钱智勇.学科馆员与重点学科创新服务模式研究 [J].情报理论与实践,2004（5）.

[167] 陈能华,肖冬梅,龚蛟腾.我国图书馆业务部门设置现状调查与分析 [J].图书情报工作,2004（11）.

[168] 史军.浅论高校图书馆知识管理的策略 [J].西南民族大学学报,2005（7）.

[169] 熊璐.我国图书馆知识管理研究进展述评 [J].图书·情报·知识,2005（6）.

[170] 郭家义.国外图书馆知识管理研究概述 [J].图书馆理论与实践,2005（2）.

[171] 邹芳.图书馆知识管理创新 [J].情报杂志,2005（2）.

[172] 陈春艳.图书馆知识管理与知识服务探析 [J].现代情报,2005（7）.

[173] 麦欣.网络环境下虚拟参考咨询服务与图书馆知识管理关系探讨 [J].情报理论与实践,2005（4）.

[174] 刘冬梅.图书馆知识管理的有效实施研究 [J].集团经济研究,2005（5）.

[175] 余自娥.知识管理时代图书馆员价值观的引导 [J].高校图书馆工作,2005（6）.

[176] 黄海鹰.构建新型的图书馆知识管理体系 [J].图书馆,2005（1）.

[177] 白庆珉.图书馆知识管理模式设计 [J].情报杂志,2005（4）.

[178] 刘斌.略论图书馆知识管理 [J].图书馆,2005（4）.

[179] 刘晨,屠航.图书馆知识管理信息门户应用模型 [J].情报科学,2005（12）.

[180] 常永平.论图书馆馆长观念现代化 [J].上海高校图书情报工作研究,2005（1）.

[181] 盛小平.论图书馆人力资本管理 [J].图书情报工作,2005(5).

[182] 李忠波.高校图书馆人才流失现象透析 [J].中国人才,2005（23）.

[183] 敏力.职业生涯管理——图书馆人力资源管理的新发展 [J].图书情报工作,2005（增刊）.

[184] 牛红亮,彩玲.关于图书馆员职业生涯的探讨 [J].情报资料工作,2005（6）.

[185] 任全娥.虚拟参考咨询服务与图书馆知识管理的契合关系 [J].情报资料工作,2005（6）.

[186] 毕素清.参考咨询服务的新发展与泛技术化问题 [J].图书馆论坛,2005（1）.

[187] 刘爱云.图书馆的文献管理与知识管理 [J].国家图书馆学刊,2005（2）.

[188] 余光胜.企业知识理论导向下的知识管理研究新进展 [J].研究与发展管理,2005（3）.

[189] 高家茂.基于知识管理的高校图书馆资源整合 [J].图书馆建设,2006（3）.

[190] 温有奎.知识管理研究与发展方向 [J].情报科学,2006（5）.

[191] 王知津,闫永君.我国图书馆知识管理研究进展 [J].高校图书馆工作,2006（4）.

[192] 储节旺.国内外知识管理研究领域、主要成就及未来趋势 [J].情报资料工作,2006（5）.

[193] 吴宗敏.高校图书馆知识管理人员的素质研究 [J].兰台世界,2006（1）.

[194] 李金玲.知识管理时代图书馆员的素质教育 [J].岱宗学刊,2006（2）.

[195] 狄九凤.论知识管理中图书馆的人力资源管理 [J].农业图书情报学刊,2006（7）.

[196] 董利宣.基层图书馆馆长有效领导力剖析与构建 [J].图书馆论坛,2006（1）.

[197] 覃冠.优秀的图书馆领导者从何而来 [J].图书馆论坛,2006（1）.

[198] 胡传迎,胡振萍.试析图书馆馆长的时间管理 [J].大学图书情报学刊,2006（3）.

[199] 陶力.现代图书馆人力资源开发与管理对策研究 [J].图书馆论坛,2006（2）.

[200] 王本瑜.浅谈现代高校图书馆文献资源规范管理 [J].现代情报,2006（12）.

[201] 张晶晶.高校图书馆知识管理及其在文献编目中的作用 [J].图书馆学刊,2006（4）.

[202] 李景文.大学图书馆馆长与人力资源管理创新 [J].图书馆理论与实践,2006（3）.

[203] 陈丽翎.科学利用文献提高图书馆的服务能力 [J].图书馆论坛,2006（3）.

[204] 许炜,徐军华,易红.知识管理环境下图书馆业务重组模式探析 [J].现代情报,2006（4）.

[205] 李伟基.近年来我国图书馆知识管理研究综述 [J].新世纪图书馆,2007（3）.

[206] 朱梅芳,徐少同,王春芳.国外图书馆知识管理研究述评 [J].图书情报工作,2007（8）.

[207] 刘擎.构建"学科馆员"绩效评估体系的思考 [J].现代情报,2007（6）.

[208] 肖秀阳.图书馆长要在"软管理"上做文章 [J].图书馆,2007（1）.

[209] 尤爱国.网络时代传统图书馆员职能定位的反思 [J].科技情报开发与经济,2007（1）.

[210] 刘柏云.图书馆参考咨询服务研究 [J].图书馆,2007（4）.

[211] 沙溪清.数字时代图书馆知识管理研究及案例分析 [J].情报资料工作,2007（5）.

[212] 孙向荣.基于知识管理的高校图书馆文献采访决策科学化研究 [J].现代情报,2007（5）.

[213] 袁琳,吴汉华.读者知识管理探析 [J].图书馆,2007（4）.

[214] 吴自勤,赵新新.图书馆知识管理发展缓慢探因及对策 [J].河南图书馆学刊,2007（10）.

[215] 刘勇,徐双.基于读者知识的图书馆读者服务创新 [J].图书馆论坛,2008（3）.

[216] 潘芳莲.论图书馆知识管理中的学科馆员 [J].江西图书馆学刊,2008（1）.

[217] 满红芳.高校图书馆隐性知识管理分析 [J].科技情报开发与经济,2008（2）.

[218] 刘岩芳.我国图书馆知识管理研究统计分析 [J].农业图书情

报学刊, 2008（2）.

[219] 刘莉. 关于构建图书馆知识管理体系的思考 [J]. 科技情报开发与经济, 2008（2）.

[220] 朱华琴. 关于图书馆知识管理的研究 [J]. 现代情报, 2008(2).